湛庐文化
Cheers Publishing
a mindstyle business
与 思 想 有 关

BEYOND THE LEAN REVOLUTION

ACHIEVING SUCCESSFUL AND SUSTAINABLE ENTERPRISE TRANSFORMATION

超越精益

[美] 德博拉·奈廷格尔（Deborah J. Nightingale）
贾亚堪斯·瑞尼瓦萨（Jayakanth Srinivasan） 著
蔡春华 译

浙江教育出版社·杭州

从“精益”到“超越精益”

路江涌
北京大学教授，《共演战略》作者

近几年，企业管理界的热门话题，除了创业，就是转型了。

关于创业，有一本书绕不过，这本书就是《精益创业》。《精益创业》是埃里克·莱斯所著的关于创业方法论的书。“精益创业”的核心观点是：先理解用户需求，根据需求开发最小可用产品，不断测试商业假设，通过数据验证和支撑商业模式，最终凭借经验证实的商业模式吸引资源、技术和商业合作伙伴。精益创业的思想来自精益生产，强调“少即是多，持续变好”。

您在读的这本书名叫《超越精益》，作者是麻省理工学院的两位学者，译者是国内咨询业的新秀蔡春华先生。拿到书稿，我想：“又是一本叫‘超越’的书。”之所以这样想，是因为前段时间我刚刚为北京大学汇丰商学院魏炜教授的《超越战略》写过序。带着对“超越”的好奇，我翻开了这本《超越精益》。

知时局，揽全局，见终局，应变局

《超越精益》是一本关于转型的书。书名之所以叫“超越精益”，是因为作者认为，很多企业把基于精益思想的“优化行动”误当作“转型”。精益思想强调细节，而转型理念强调大局。

我用一个 2×2 的框架来分析企业转型过程中局部和总体、现在和未来的关系（图 0-1）。

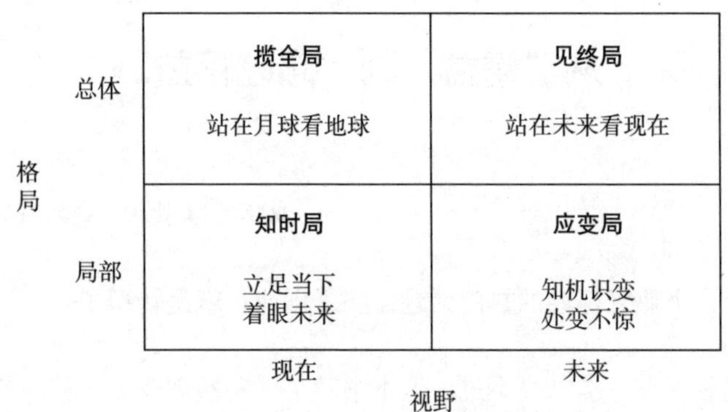

图 0-1　战略思维 = 格局 × 视野

企业转型，一定需要一个整体性的战略。战略思维需要从格局和视野两个角度来考虑，也就是说，既要考虑空间因素（格局），也要考虑时间因素（视野）。所谓格局，就是既要能看到局部，也要能看到总体。所谓视野，就是既要能看到现在，也要能看到未来。

每个人，每个企业，都需要有“知时局，揽全局，见终局，应变局”的战略思维。

所谓“知时局”，就是要能够立足当下，着眼未来。所谓“揽全局”，就是要有站在月球看地球的高度。所谓“见终局”，就是要有站在未来看现在的智慧。所谓“应变局”，就是要能知机识变，处变不惊。只有能够揽全局，才能更好地知时局，只有能够见终局，才能更好地应变局。

从局部到整体

在《超越精益》这本书里，作者强调的就是这样一种系统的和动态的转型观念。作者提出了企业转型的七大原则，包括：在企业转型中采取整体式路线，确保领导层致力于转型，识别利益相关者并确定他们的价值主张，在专注企业效率之前专注企业效用，处理公司内外的相依赖的因素，确保整个企业内部的稳定性和流动性，注重组织层面的学习。

这七个原则，既关注转型中的“人”（例如，领导层和组织），也关注转型中的“事”（例如，转型路线和价值主张）；既关注企业“内部”的因素（例如，内部的流动性和稳定性），也关注企业“外部”的因素（例如，利益相关者）。

笔者曾经提出一个框架，这个框架非常简洁。“人和事”以及“内和外”是两个维度，两个维度构成四个象限：外部的人、内部的人、内部的事和外部的事。对于企业来说，最重要的“外部的人”是用户，最重要的“内部的人”是组织，最重要的“内部的事”是产品，最重要的“外部的事”是市场。

从精益到升益

《超越精益》这本书里给出了企业转型路线图，主要包括战略循环、规划循环和执行循环三个部分。战略循环包括“确定战略目标”和“确保领导层参与”两个要点。规划循环包括“理解”“设想”“设计”“一致化”等四个要点。执行循环包括“塑造”“灌输”“执行”“协调”等四个要点。

从企业生命周期角度来看，可以把企业发展分成创业、成长、扩张和转型等四个阶段。其中，创业阶段可称为“精益创业”，成长阶段可称为“专益成长”，扩张阶段可称为“增益扩张”，转型阶段可称为“升益转型”。企业生命周期和企业发展四阶段反映了企业管理的动态性。企业创立之后，就不能只是关注于“精益”了。正如作者在这本《超越精益》中所说，“过于关注细节，无法掌握大局”。经历成长阶段和扩张阶段的企业会来到转型阶段。转型阶段的企业必须突破自我，要意识到相关方发生了巨大变化，利益关系从大到巨大，交易关系从多向到多维，结构关系从价值网到生态圈。转型阶段强调的是“升益”，升益于组织创新。

总结

近几年，随着经营环境的复杂化，以您正在读的这本《超越精益》和我所著的《共演战略》为代表的管理学著作，开始纷纷采用系统性和动态性思维方式分析企业经营管理。

和传统的以静态和孤立视角分析企业管理的著作相比，采用系统性和动态性视角的管理学著作实用性更强，更接地气。一个直观的证据就是，这类书里有很多图表，既便于阅读，也便于实践。例如，这本《超越精益》中有 50 多张图表，提供了一系列的分析工具。而我所著的《共演战略》更是用了 300 张图表和 200 个案例，诠释了一个系统性和动态性的战略思维框架。

《超越精益》这本书里提的转型七大原则以及其他内容，和我在《共演战略》里提的共演战略四要素一样，都是从系统性角度，或者说是格局角度来分析企业的。作为一名长期从事管理学研究、教学和实践的学者，我乐见《超越精益》这类创新性和实践性的书籍更多面世，我相信你通过阅读一定大有收获。

跳出盒子，着眼全局

魏 炜
北京大学教授

笔者手里的这本《超越精益》，是一本很有特色的书，它是从商业生态的角度来研究企业变革的，商业生态的理论基础分别是利益相关者和商业生态系统理论，这并非作者的原创理论，前者的代表人物是弗里曼，后者的代表人物是穆尔，但是将这两大经典理论融会贯通并成功应用于企业变革的，为数不多。笔者一直认为，任何一家企业都存在于一个或多个商业生态系统中，从企业生命周期来看，企业的诞生、成长、成熟、死亡或者变革，都离不开和生态系统中其他合作伙伴业务活动的交互、资源能力的交换以及价值的共享。正是因为如此，企业无法游离于所处的生态系统而进行变革，《超越精益》的价值正在于此，它启发了读者从更高的维度来看待企业变革。

反之，虽然现有市场上关于企业变革的书林林总总，但是大多数还局限在企业自身边界之内，提出的解决方案还局限在传统价值链的改造方面上，给出的建议无非是研发、供应链、生产、市场营销和售后服务等环节进行不断的完善……这是老生常谈的“精益变革”。必须承认，在一定程度上，这种传统的变革思路对于大多数寻求转型升级之道的企业是必须的（因为这些企业还有很大的管理提升空间），但又是远远不够的，而且从这个思路出发，企业变革可以改善的空间已经变得越来越小。这种“变革的窘境”迫使企业家和学者突破原有的思维囿限。所谓“超越精益”，笔者理解应该是并非抛弃原来的成本改善和质量提升，而是指企业变革应该突破原有的思路，着眼于全局视角，从生态系统入手。此外，尤其难能可贵的是，在此基础上，作者还提出了企业整体转型的七大原则以及路线图，这些原则和实施路线可谓是作者及其团队用真金白银换来的，具有很强的可操作性。

企业处于一个或多个共生的生态系统之中，这是当今企业外部环境最基本的特征。波特提出的传统的价值链是从研发开始一直到客服结束，客户处于价值链的末尾，之前的业务活动与客户几乎不发生关系。后来演变成“以客户为中心”，将客户从原来价值链上的末端位置置于中心，这有着积极的一面，是一个巨大的进步，但是仍然不够，因为从交易的视角出发，任何两方的交易都有一方是客户。我们需要将关注点放大到整个生态系统的所有利益相关者中去，商业价值创造的起点——价值主张，也应该从单一企业的价值主张上升到考虑所有利益相关者的价值主张。《超越精益》在这方面做了深入、全面的探讨。有趣的是，笔者研究商业模式多年，发现充分利用产业生态中其他合作伙伴的资源和能力，同时重构与利益相关者的交易结构（即重构商业模式），可以为焦点企业带来竞争优势以及重塑竞争优势的契机。在这点上，《超越精益》一书所倡导的思想与笔者多年研究的结论有类似之处，可谓异曲同工。

Beyond
The
Lean Revolution

目录

精益生产工具，你了解哪几种？
扫码下载“湛庐阅读”APP，
搜索“超越精益”查看测试题，
了解精益生产更多内容。

BEYOND

The Lean Revolution

引言

企业为什么要变革

整体大于部分之和。

——亚里士多德

古希腊哲学家

也许你和你的公司正处在悬崖边缘，面临着各种挑战，竞争环境也在不断变化，内外交困。研发部门虽然提出了一个颇具前景的创意，公司却无法抓住这个机会。每当员工希望提高公司运营效率时，总是无从表达自己的想法。供应商告知你，它遭遇了问题，无法正常向生产部门供应所需的物资，你却找不到该问题的源头。找不到漏洞，又何谈进行修补呢？

或者，也许你和你的公司并未处在悬崖边缘。可能一切都在正常运转，却总让你觉得公司还远没有发挥出最大潜能。虽然你一直都在努力优化业务流程，却总是无法再上一个台阶。所有的六西格玛黑带级别①的员工都在协助管理项目，但是渐变并没有引起质变。你并没有得到预期中的收益。

面临以上一种或多种挑战的公司和机构很多，其中一些还一直在努力进行变革，然而举步维艰。很多企业都觉得好像总是前进两步，又后退一步。这是因为它们的优化计划从一开始就错了。或者是它们在到达了某个高度之后，无论如何变革，都无法进一步提高效率或效用。总之，就是无法产生更大的效益。

① 即企业中六西格玛变革的中坚力量，由企业内部选拔出来，担任项目小组负责人，并负责培训绿带。——编者注

为什么优化计划总是无法带来预期的效益？这通常是因为企业采取的是零碎的、垂直化的优化方式，在那些无法产生利润的事情或非重要战略目标方面花费了大量的时间，甚至还没有意识到这些努力是支离破碎的。

当然，你可以通过这样的努力实现一定的优化，你的公司甚至可能因此已经获得了很大的效益。但要抓住组织变革的最佳机会，需要跳出垂直化结构，因为通常这些机会都处在边缘地带，不易发现。只有从全局审视企业，才会清晰地看到，而整个企业是由人、流程和技术构成的复杂、协调、共生的系统。在这个系统中，人、流程和技术三个要素根据关键利益相关者的要求创造价值。在这里，利益相关者指的是任何能影响企业目标达成或受其影响的团体或个人。价值指的是利益相关者期待通过其对企业的贡献而换取得到的具体价值、效用、利益或奖励。

企业变革是企业从现状转变成未来某种愿景状态的过程，推动这一过程需要彻底改变心态，采取全局视角，贯彻行动以达成预期的变革目标和目的。要进行变革，必须了解企业。你需要后退一步，鸟瞰全局，透彻地理解它目前的状态。战略目标是什么？企业目前是如何实现这些目标的？企业应该有怎样的表现？如何缩小现实表现与目标之间的差距？构成企业的各个主要“部件”和“控制杆”，目前情况如何？

很多企业进行了轰轰烈烈的优化行动，却很少甚至不去关注全局。它们采取了精益理念，即以资源消耗最小化及消除浪费为核心进行价值创造。它们为了将公司总成本减少 20%，而对工人进行优化。不过，在后期分析中才发现，公司总成本中来自直接人工的比例不到 5%。这种“只见树木，不见森林”的做法，过于关注细节而无法引领全局。

为什么会这样？这和企业界应用精益生产理念的方式有关。我们常常听到一些企业高管大谈丰田生产体系（精益思维的来源），仿佛只要能通过某种方式采用这一体系，就能取得丰田公司那样的成果。这个思路太狭隘了，容易让人忽视战略因素。很多企业采用丰田生产体系仅限于某方面的运作（例如生产制造），而并不涉及比如领导团队及运营赋能等其他方面。但是，所有这些因素才构成了企业的整体。尽管也有一些企业在生产上有效运用了精益原则和丰田生产体系，但它们却从来不把眼光投向企业以外，用一个更广阔的视角去关注供应商或其他利益相关方等。经营企业的人总觉得丰田生产体系是一个自下而上的奇迹创造者，却忽略了奇迹来源背后的丰田公司最高层的战略因素。人们只是看到了丰田执行公司战略的一种方式，而不是战略本身。

我们到访各企业的时候，常常会发现一些迹象，显示出变革行动的焦点出现了偏差。有一次，我们拜访生产航天航空器的有 10 000 多名员工的 Mega-Corp 公司（简称 MC 公司，该企业名为杜撰），有几位管理人员为我们讲解了该公司的优化计划。该计划听起来似乎非常合理，但当时却没有一位高管在场。很显然，某些地方出了差错，而这只是第一个苗头。接着他们带领我们从生产区域开始参观企业，与大多数参观流程一样：张贴在布告栏上的绩效指标，要么没更新到最近一期，要么被其他帖子遮住了。办公区域和其他地方也一样。很显然，这些公司进行收集用以支撑决策的目标、量化数据或信息，并不是员工日常工作关注的核心，大家并没有把太多的注意力放在上面。

指标的类型也能说明问题。MC 公司对生产线上的机器与操作工人的利用率，以及供应商提供的部件质量进行了测算。但是 MC 公司在供应商表现方面的衡量指标又在哪里呢？在该公司的工程部，我们找不到公司向供应商提供的规范标准。

另外，生产部或工程部都没有人能够说明，其工作内容或工作方式能如何有助于企业达成愿景或战略目标。但当时 MC 公司正在进行全面的优化计划。

而南加州一家生产航天系统元件、有 5 000 多名员工的 Build-Create 公司（简称 BC 公司，该企业名为杜撰），却展现了不同的一面。生产线上的一名工人描述了他的工作如何融入到更宏大的计划中，以及企业如何重塑了某些工序流程。他举例说到成本与周期方面已经达成的一些缩减目标，也解释了公司在在制品方面的情形。这名工人所说的全部内容仿佛都基于一个大背景，那就是企业在未来四五年希望达成的战略目标。一名产品经理向我们介绍，他的一名团队成员原来是公司的供应商。BC 公司研发部门的一名工程师也解释了他们是怎样缩减新产品开发周期的。

MC 公司和 BC 公司之间的差别非常明显。BC 公司的每个人都对企业变革充满热情。员工们谈及变革与优化时，用的是类似的措辞，这说明他们是同步的。在流程、指标、利益相关者、资源和企业其他方面，他们能够分享各自见解，这说明他们都曾参与对公司现状的分析。他们很自然地将个人实践置于企业发展的大背景之下，并解释它如何与未来愿景接轨。

反观 MC 公司，尽管公司高层能滔滔不绝地谈论如何变革企业，但除了一些分散的精益化变革措施，我们看不到其他证据。

企业转型，第三种变革范例

企业如何变革？著名心理学家库尔特·勒温（Kurt Lewin）提出的企业变革经典模型包含三个步骤：解冻组织，引入所需变革，再度冻结组织。在引入所需变革之前先解冻组织，使组织有时间去反思自己是怎样陷入目前的情形的，得以联合各利益相关方，确立当前所需的单个或系列变革。而把组织再度冻结，可使得变革成为制度。

组织的变革广义来讲有两种类型或范例：情景式变革和持续性变革。情景式变革倾向于将组织当作一个整体，旨在变革整个组织。它是有计划的，通过技术改进、竞争强化或其他组织内外的重大变化，在特定时刻触发变革。这种重大变革措施通常由高层推动，由他们选择改变关键流程甚至重塑整个组织。其前提是，高层能够认识到触发变革所需条件与企业所能提供的条件之间的差距，然后通过改变结构或行为进行矫正，使企业长盛不衰。这种情景式变革是通过若干精选的介质自上而下推动的。

持续性变革虽然也可能涉及整个组织，但具体变革多聚焦于组织内局部特定的操作实践。尽管其目的可能是变革组织整体，但会因具体措施分散于组织内部而无法影响整体。在这种范例中，诸如六西格玛或全面质量管理之类的变革措施通常是为了建立变革能力，但并不一定能够为整个组织带来变化，其结果通常是小范围的变革，而且对企业整体来讲甚至可能是次优的。在这种范例中，所有人都是变革介质，肩负责任并拥有进行所需变革的权利。该范例背后的观点是量变的累积将最终转化为企业层面的变革。

要基于企业整体视角克服它所面临的挑战，有时候以上两种变革范例并不足以实现，需要更大范围的变革。企业转型融合了这两种范例，并将它们进一步发展。有两种卓越的思想可作为变革范例，成为企业转型的基石。

◎ 第一种是经典的精益思维，它有着局限性：过于专注于减少车间浪费。精益思维萌生于丰田公司，该公司无论在过去或现在都不是公认的自上而下式的企业。

◎ 第二种是精益企业价值，它强调了认识利益相关者价值的必要性。

不过，即使以上两种思想有助于实现企业转型，但都仍有不足。这两种思想都没有提供具体手段和分析方法，以实现其在整个企业层面的价值，加强实践性，带来真正意义的企业转型。

而且，如果企业转型旨在变革企业整体，使之满足各利益相关方的需求的话，我们认为需要将情景式变革与持续性变革结合起来。这不仅需要企业高层进行自上而下的指令式干预，同时也必须授权各利益相关方在操作实践上进行必要的调整。企业转型的第一步是高层致力其中，他们必须投入必要的资源，改变企业总体上的运营方式。同时，企业高层必须号召所有利益相关方也做出贡献，持续地做出局部的变革。

在本书中，我们呈现的企业转型范例包含了以上思想，克服了上述局限，并提供了确保转型成功的路线图。

失效的精益工具包

我们确实认识到了精益及精益原则的价值。事实上，如果你仔细阅读第 2 章，会发现精益原则是企业思维的基石的一部分。但是传统的精益原则有许多局限。经典的精益工具包应用在更广泛的企业层面上时，并不会造就成功。

经典的精益工具包，不管是根本原因分析、5S[①]还是价值流分析，其应用通常是指令式的、千篇一律的。它们在按照各自的方式评量各自的指标时很有效，但适用范围很有限。过度关注手上的工具包，试图将之用在所有地方，这就是罗克韦尔·科林斯公司（Rockwell Collins，简称罗科公司）的教训。

罗科公司是一家位于艾奥瓦州的航天防务公司，它在 600 多个改善计划中应用了经典的精益工具包。但企业高层却很难看到这些措施的作用。他们确实看到了一些进步，但是企业整体却并没有向好的方向发展。所以罗科公司试图将工具包的应用延伸到整个公司。这就像画画时改用大一号的画布，但使用的

① 5S 即整理（Seiri）、整顿（Seiton）、清扫（Seiso）、清洁（Seiketsu）、素养（Shitsuke），又称 5S 现场管理法，20 世纪 50 年代兴起于日本企业。——编者注

画笔却没有变一样。只有当公司采取整体视角，针对所有流程进行端对端的分析并描绘出价值流的时候，才能超越量变的积累，在企业转型上发现机会。

美国第一资本金融公司（Capital One Financial Corp，简称第一资本）的高层也尝试实施变革，但很快就认识到这些变革实施起来就像盲目扫射一样，无法触及更大范围内所必需的转型。要实现企业转型，一切都必须与企业的战略目标相贯通。从高层开始的整个企业都需要采取整体视角。领导层必须认识到，只有这样，才能跳出局部变革的怪圈，因为局部变革可能无法聚合起来影响企业整体。

上述企业认识到改善与转型之间存在差别。改善可以在局部进行，由此可达成有限的成功。转型在于整个企业层面，是所有改善措施的整体，这些措施是为了服务更广泛的企业目标而选择性进行的，其整体大于部分之和。

欲见树木，先见树林，制定企业战略路径也是如此，从企业角度进行思考的第一步就是要理解企业现状。如果缩减产品上市周期对你来说不失为一个合适的战略目标，难道你不需要知道目前上市通道中的所有因素，比如竞争对手的内部流程及现状吗？不这样做，又怎能为达成目标制订可行计划呢？

不同于大部分传统的精益思维，企业思维涵盖了竞争者，因为他们也是利益相关者。精益思维中客户是唯一的焦点，为客户创造价值是工作的主体。而我们采取的是利益相关者全面价值创造的方式。一旦采取这一思维方式，你将会以截然不同的眼光看待所有利益相关者及他们与企业的相互作用。

企业，复杂的共生系统

如上所述，企业是是由人、流程和技术构成的复杂、协调、共生的系统，在这个系统中以上三个要素根据主要利益相关者的要求创造价值。通常来说，一个企业涵盖了不同的机构（如供应商、合作伙伴和监管方等），而不是单个公司、部门或政府单位。企来的领导力是分散的，利益相关方也是多种多样的，但他们都拥有共同利益。

企业并不是单个项目，尽管单个项目可能构成企业；企业本质上也不是一个组织，尽管一个组织也可能构成企业。单个公司可能拥有多家企业。没有任何一家企业能完全独立自给。比如，尽管波音公司可以作为一家企业，但是它的组成要素也存在于波音公司的其他分支中，比如企业金融部门。

企业的定义取决于背景，而非规模。工程部不能成为企业，生产部门也不能，因为它们不是独立的实体（尽管少数案例可能推翻这个说法）。更确切地说，尽管工程部和生产部门可能与独立实体一样复杂，但大多是为了另一个更广泛的目的而存在的，这个目的就是实现总公司的使命与价值主张。通常来说，此目的也被涵盖在其他机构或职能部门中，如负责价值创造的设计部和研发部，负责赋能的信息技术部，企业的领导层与管理层等。

准确定义企业很重要。不能了解眼前的对象，就无法改造它；不能划分界限与范围，就会把力气用到错误的地方。

面向所有利益相关者的价值主张

你的企业会交换价值，而且有自己的价值主张，尽管你从未明确描述过它。价值主张界定了企业存在的理由，其传统概念是从客户角度进行说明的：

> 所有商业战略的核心都是价值主张，它涵盖了：产品与服务的独到之处、客户关系、公司所展示的企业形象。它界定了这个组织如何使自己有别于竞争对手，从而与目标客户之间建立、维系并深化关系。价值主张的关键之处，在于它将这个组织的内部流程与客户端的成果改进相连通。

商业语言将客户价值主张分成三大类：卓越运营、客户亲密度和产品领先，你的企业也许就专注于其中某种主张。企业通常都希望在以下领域超越别人：

◎ **卓越运营**：与效率、简化运营、供应链管理等有关。能抓住客户眼球的，并不是有限的产品区分，而是在低价位保持合理质量。

◎ **客户亲密度**：公司与客户保持紧密联系，专注于客户服务并为客户提供个性化或近乎个性化的定制产品和服务。

◎ **产品领先**：即创新与品牌上的优势。

通常来说，企业专注于以上价值主张之一，并寻求在另外两方面超越及格线。

客户价值主张无处不见。你肯定能在电视或杂志上发现德国汽车品牌宝马的价值主张。它就浓缩在公司的口号中：终极驾驶机器。宝马是奢侈汽车厂商，其竞争维度在产品质量和用户体验，而不在价格——这指的就是产品领先，公司口号正表达了这一点。

客户价值主张也有不足，它忽视了一个事实：企业有着许多非客户端的利益相关者。企业价值主张涵盖了：产品与服务的独到之处、利益相关者关系，以及给予关键相关者的其他无形价值。因此，它在传统的客户价值主张这一基础上，延伸涵盖了企业所有的关键利益相关者以及彼此之间相互交换的价值。确立了企业价值主张，你就真正地界定了企业存在的核心理由。因此，把价值主张延伸至企业层面而非局限于客户层面，这就解决了传统概念无法涵盖企业所有动态的问题。

此外，如果一直囿于客户价值主张这一思维，那么接下来这一点将使你大吃一惊。那就是，如果企业有意愿的话，可以超越卓越运营、客户亲密度和产品领先等维度，打造自己的市场。也就是说，要界定一个面向所有利益相关者的企业价值主张，意味着要识别各利益相关者未来的需求与价值。这为你提供了一个改造企业的切入点，让你能够培养企业必须具备的能力，以此满足你所界定的这些需求。

对于企业存在的真正理由，你有概念吗？你能把它清晰地表述出来吗？企业中的其他人都能清晰地表述吗？

采取整体视角

我们发现，大部分企业都能清晰地描述其产品和服务，但在阐述公司存在的远期理由时却有所不足。但有了企业价值主张，你便能看清大局，而这是企业转型之旅起步阶段的重点。没有了关联全部动作的企业价值主张，你所做的永远都是零碎的优化而非企业转型。

如果你的企业能够彻底改变运营与思维方式，就可以达成比传统变革管理项目能达成的更好、更长久的结果。而彻底改变思维方式就要采取整体视角。一旦拓宽视角，你就会认识到什么事情才具备战略意义，能够有益整个企业及企业价值主张。

这本书面向所有有志于企业转型的人士，不管你是高层领导还是中层管理人员。我们将向你说明企业转型的原则，手执企业转型路线图，带你踏上这一旅程。在途中，你和企业高层将共同评估企业现状、识别为提高企业整体效益而需要采取的变革并为具体实施做好规划，而这一切都将在企业战略目标与企业价值主张的背景下进行。一路上，我们会与你分享切实有效的分析工具和分析方法，它们在超过 75 年的企业转型实践中得到了不断完善。

我们将贯穿始终为你展示真实的变革案例。我们将通过罗科公司的案例阐述企业转型的七大原则。随着路线图足迹的延伸，你会接触到全球化信息技术基础设施供应商 InfraProv 公司，了解企业利益相关者评估是如何进行的。你还将接触到高能源机械公司（High Power Engines，简称 HPE），了解如何将企业流程评估嵌入企业转型计划。而雷森公司（Raytheon）的案例则将说明如何通过正式界定的方式评量企业业绩。还有软件开发商 ZED 公司，它通过我们提供的某个工具来判断其战略目标是否与企业业绩评量方式相一致。

我们将向你说明上述成果推进了路线图下一步骤的哪些内容。熟悉了路线图所有步骤之后，最后一章中我们将为你完整讲解 StayCool Engineering 公司的现状，分析全部要点，并制订转型计划的步骤。还有其他公司的案例点缀于全书中。

读完整本书，你将了解如何重塑工作方式、价值创造和价值传递方式，以及如何打造一家经久不衰的变革型公司，使它取得你可以实现价值主张的成果。

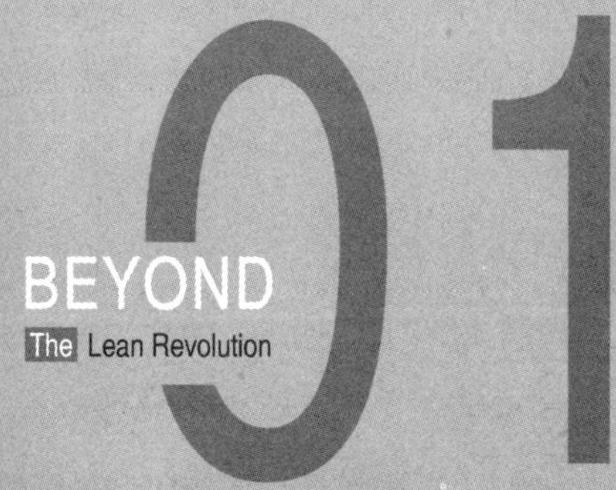

企业转型的七大原则

只是拘泥于眼前，
没有采取更整体的视角去生活和行动的话，
这种生活方式便太短视了。

——牧口常三郎
日本近现代著名教育家

要改造企业，必须采取新的心理模式，这种模式建立在一些既能保持永恒不变、又能灵活随机应变的原则上。但仅知道理论是不够的，你还必须知道如何应用这些原则。企业转型是一门具有高难度的“艺术”，需要你采取整体视角。本章将介绍一些真实案例，为你展示这些原则的应用过程及其应用成果。

本章将详述的企业转型的七大原则，不仅有来自学者及行业人士在丰田生产体系、精益思维、精益企业等方面著书立作的内容，也有来自我们自身的企业转型实践经验。传统精益原则及实践上升到企业层面的应用，可以追溯到20世纪70年代中期。尽管当时精益原则及实践已在日本确立起来，但是没有证据表明它可以应用到其他国家或制造业之外的其他领域。10多年后，伴随着一项开创性的研究，《改变世界的机器》这本后世广为流传的书面世了，这本书的作者是美国的詹姆斯·P. 沃麦克，英国的丹尼尔·T. 琼斯和美国的丹尼尔·鲁斯。很快，关于丰田公司如何在削减成本、提升质量的同时稳步提高市场份额的解释进入了大众的观念。沃麦克和琼斯随之在《精益思想》一书中提出了精益思维五大原则，这是人们最早将对丰田生产体系的理解进行归纳的尝试之一。

虽然首个系列的原则来自对汽车行业的研究，但很快就有其他研究人员验证了这些原则在其他领域的适用性。以航天行业为例，精益原则在这个领域的应用是一项长期实践，它催生了精益企业五大原则，将焦点从单纯减少浪费拓宽至价值创造。在此基础上，麻省理工学院的精益进步倡议中心不断加强对企业转型方面的研究，带来了企业转型七大原则。表 1-1 说明了这些原则的演变过程。

表 1-1　相关原则的演变过程

精益原则（1996）

- 从终端客户的角度，基于产品族指明价值的内容
- 确认每一个产品族价值流的所有步骤，尽量剔除那些无法创造价值的步骤
- 将那些能创造价值的步骤紧密连接起来，以使产品能够顺畅流向客户
- 随着流向的引入，让客户从下一个上游活动中提取价值
- 随着价值的界定，价值流得以确立，产生浪费的步骤被剔除，并在引入了流向与提取动作后，可重启这一流程，不断重复，直到达成完美状态，即通过零浪费创造完美价值

精益企业原则（2004）

- 做对的事同时把事做对，可创造精益价值
- 只在界定了利益相关者价值并构建了强有力的价值主张后，再进行价值传递
- 通过采取企业视角这一唯一方式来实现完整精益价值
- 处理企业各层面相互依赖的问题，提升精益价值
- 通过人，而不仅仅是流程，来实现精益价值

企业转型原则（2009）

- 在企业转型中采取整体式路线
- 确保领导层致力其中来推动企业行为，并使之制度化
- 识别相关的利益相关者并确定其价值主张

企业转型原则（2009）

- 专注企业效率前先专注企业效用
- 处理企业内外的相依赖因素
- 确保整个企业内部的稳定性和流动性
- 注重组织层面的学习

我们将通过各种各样的案例说明企业转型七大原则的实际应用情况。其中有一个案例成了本章的主线，贯穿始终，那就是2001年分拆自罗克韦尔国际集团而成为独立公司的罗科公司。罗科公司灌输了一种持续改进的理念，补充并支持了“公司以利益相关者为中心的价值传递”这一战略重点，并演变成了“最佳管理的航天防务公司”，这也正是它能力的证明。

企业转型七大原则为我们提供了一扇窗口，得以一窥罗科公司的演变历程。公司年度报告中的主要信息（通常都是与航空相关的主题）说明了企业转型是如何开展的（见表1-2）。在几年之中它的重点从管理现有的价值主张（2001—2004），转变为设计未来的价值主张及其作为基础的赋能因素（2005—2008）。转型的重点从企业核心价值创造流程开始进行拓展，将共享服务和领导流程（培养领袖、界定身份与战略）等涵盖其中。

表1-2　　罗科公司年度报告的主要信息

年份	主题	注解
2001	分拆	首次作为独立公司发布报告
2002	平衡	强调政府业务与商用业务的平衡组合，取得了几乎均衡的划分结果，使罗科公司在两个板块发生周期性或短期挑战时都能安全过渡
2003	飞扬的创意	强调组织的创新能力，认识到所有前沿产品及服务都根植于创意
2004	绩效与成就	重点为立足上一年的成功，即罗科公司被推选为“最佳管理的航天防务公司”
2005	超越自我	强调员工在向客户与利益相关者传递更多价值方面时所展现的个人领导力
2006	时刻建立信任	揭示新的品牌标识，并将“时刻建立信任”作为新的口号，强调了信任作为创造、获取及提升价值的首要推动力这一根本理念；同时，更加强调创新及建设得力员工队伍
2007	加速成功	回归2002年的“平衡”主题，并且建立：以高效运营共享服务基础设施为重点的综合商业模式和卓越中心
2008	创新与扩张	强调注重消费者需求，为消费者提供能增加附加价值的解决方案，满足当前与未来消费者需求

原则 1：在企业转型中采取整体式路线

企业转型中的“整体”一词强调了理解转型对企业整体影响的必要性。在战略层面，企业整体视角清晰界定了企业相应的利益相关者身份及其价值追求。它要求深刻理解企业核心能力及素质，并评估当前打造的这一企业是否能够按需传递价值。在运营层面，它要求取得相应资源来履行企业价值主张的内容，包括为了创造所需的价值而选任合适的领导人、掌握相应的知识和流程。

这一系统性的转型方式立足于对整个企业内部的相互作用与相互依存的理解。它强调了分析企业互联性、识别企业浪费（指在消耗资源的同时无法为利益相关者直接增值的动作、流程或活动），以及制定战略将这些浪费转化为价值创造机会等方面的能力。

组织学的思想流派之一“战略选择”认为，推动组织行为的不仅有外部环境对组织的约束，还有领导层针对该外部环境约束而做出的选择。我们相信，采取整体式路线恰恰构成了这样的战略选择，即为了支持更彻底改变利益相关者的思考与行动方式而培育企业相应的能力和文化，同时找到短期获益的正确组合。

采取整体式路线之后，企业各组成部分对其整体影响便会更清晰，因此更易于管理。比如说，整体视角可能揭示出，企业之所以无法达到成本、质量和交付方面的目标，并不是在于材料采购、生产或物流某单个职能部门的问题，而是在于三个职能部门之间整合不佳。

罗科公司一直以来都始终如一地致力于将精益思想上升至超越传统改良行动的层面，着眼于企业整体转型的挑战。那么，就让我们来看看它的具体方式。该公司的精益之旅始于1998年的一个指令，那就是在接下来的3年中将成本降低30%。尽管其优化项目（即典型的精益项目）的数量从1998年的28个增至2000年的600个，也并没有带来高层领导希望达成的转变。项目数量的增加，加上千差万别的项目实施方式，使得组织整体对这样的巨变厌烦之极。

因此，罗科公司实施了一套冠以“精益电子”之名的项目，即该公司所有持续改善实践的总和。这个项目是为了确立一套共同的问题解决工具，以及为实施变革计划的共同语言。另外，该公司还选择性地针对若干改善项目采取更明确的做法，使这些项目与战略目标更一致。通过这次冠名，高层领导便能够将新增的变革倡议纳入公司转型的自然进程，而不是在企业层面的利益还没显现之前就被取代的“一时风靡”之举。也就是说，“通过冠名把单个倡议的音符整合成一首变革的乐曲”。

慢慢地，罗科公司还采取了其他的措施。2001年，它对公司核心流程优化行动的评估，揭示了加速转型、提升公司可支配工具应用效率以及强调领导层参与转型的必要性。这一发现也强调了将相关效益追溯至某一利益相关者的重要性。于2002年建立转型路线图后，罗科公司得以确立整体式路线，使局部的改善措施与长期战略目标相一致。它将转型实践区分为两个不同的流向：一个流向界定了公司希望赢取的结果，另一个流向则更强调领导层的作用。自从那时开始，罗科公司便成功地建立起一套转型系统，能基于精益事件、核心流程优化及生命周期价值流管理等解决来自多个层面的挑战。

采取整体式路线，需要与本章详述的原则相一致的转型战略。我们将在书中展示一些工具与手法，使这一转型战略变得可行。

原则 2：确保领导层致力其中并制度化

企业转型一开始就由最高层推动，这一点极端重要。进行转型，高层领导团队必须致力其中。还必须开展行动，将领导层的致力之举扩散到整个企业中。最后是企业行为的制度化，即针对企业自上而下的转型采取整体式路线，使成功切实可达。

在罗科公司，来自高层领导的始终如一、坚定有力的支持推动了精益企业转型实践。CEO 克莱 · 琼斯（Clay Jones）2007 年在意大利航空公司（LAI）年会上发表主旨演讲，指出："在最高层没有达成共识并致力其中的时候，千万不要启动转型。否则就像对牛弹琴，浪费时间而且还会把牛惹恼。"

由于罗科公司的最高层能认识到公司所面临的挑战，因此非常注重将领导层分散于整个企业中。这同时促使整个企业认识到实施领导发展计划的必要性，这一计划便应运而生，旨在识别出新晋领导共同面临的挑战，并确立企业从个人领导至高层领导所有人的领导角色。其重点是"变革始于领导层"。个人领导在局部识别出为关键利益相关者传递更多价值的机会，并作为个体发起行动，抓住这一机会。高层领导识别企业层面的机会，并确保这些机会可得以利用。

在企业行为得以制度化的企业中，高层领导团队能清晰表述企业的战略目标，并为下属提供实施变革所必须的理论基础。培养贯穿企业各层面的分布式领导层有助于企业与其战略目标保持一致，因为这将对这些目标的认识和实现目标的授权分布于整个企业中。企业同时将决策权下放到适当的最低层面，这意味着决定由决策者生成，或者支撑该决定的信息为决策者所掌握。

原则 3：识别利益相关者并确定他们的价值主张

我们对企业的概念是由为企业贡献价值并从企业获取价值的利益相关者组成的系统。典型的企业利益相关者是股东、客户、供应商、员工和经理人。企业思维将利益相关者中心论作为根本信条。必须充分满足所有相关的利益相关者，这样他们才能持续与企业建立联系。我们的方法使这点变得可行（第 4 章将详细探讨利益相关者分析）。

成功转型的一个基本要求就是理解企业价值主张，确保构建的价值主张真实反映利益相关者的价值。利益相关者分析意味着识别利益相关者并区分优先顺序、推导利益相关者价值并进行解读，这种分析既非线性也不简单，但却是必需的。企业一般通过员工调查和市场分析等传统手段获取特定利益相关者群体的需求信息，以此来分析他们的身份及其价值追求，但应用该原则需要跳出这些传统手段的桎梏。价值交换可分解为期望从企业获取的价值和企业传递的价值。如果企业领导层能理解利益相关者的价值，就能评价他们传递期望价值的方式。

慢慢地，向利益相关者输送的价值可能数量不一，有人得到的会比别人更多。不过关键的是，输送价值的特定方式使利益相关者积极保持与企业的联系。将企业价值主张构建为企业和利益相关者之间价值交换的功能，这使企业得以确定价值输送是否公平。其长远目标是为利益相关者创造更多价值，而如果缺乏有效的利益相关者，分析这一目标便无法达成。

企业单单识别利益相关者是不够的，同时还必须认识到特定利益相关者的重要性。这一认识使企业可以在知情的情况下决定价值主张在长期范围内的正确性和可行性。尽管企业高层领导团队总能识别关键的利益相关者和相关者群体，但在企业持续的日常运营中会出现其他利益相关者。比如，企业社会责任和环境可持续性行动催生了新的利益相关者群体，这是企业领导层在十多年前还无法明确说明的。

正因为企业价值主张在不断演变，高层领导团队必须积极与企业利益相关者进行对话。这样的做法标志着企业重视并生成可衍化为有形资产的商誉。

在这方面，罗科公司对关键利益相关者价值期望管理的重要性一直抱有鲜明的态度。公司对构建与客户、员工和股东之间信任关系的重视，凸显了这一点。罗科公司同时也积极满足其他利益相关者的需求，包括社区、供应商及员工家属。让我们聚焦员工、股东与社区这三个利益相关者群体，看看罗科公司是如何满足其价值期望的。

罗科公司一直都清楚企业的优势来自员工。关注员工的重要性通过明确表述的人本价值主张而体现，它包含了四大举措：多样性、人才管理、领导力培养及灵活福利选择。

股东方面的重点是传递更多价值，但前提是不增加公司成本。作为这一重点的举措之一，罗科公司于 2003 年启动了股份回购项目。尽管这样的项目通常会增加资本市场的不信任，但罗科公司通过与投资者通话以及其他沟通渠道不断解释股份回购的原因，对这方面的重视使罗科公司能够减轻市场的消极反馈。最后，该项目促成了整体股东价值的提升。

最后，罗科公司通过员工志愿服务、教育以及慈善捐赠投身到社区中。比如，当 2008 年艾奥瓦州遭遇 500 年一遇的洪涝时，即使罗科公司的主要工厂并没有受灾，它还是加入了救援活动。它马上捐出了 200 万美元用于重建灾区，并成立了罗科公司洪灾重建基金以提供长期支持。

原则 4：专注企业效率前先专注企业效用

“做对的事并把事做对”，这一格言充分体现了**效用**与**效率**的概念。高效用企业需要构建能满足利益相关者当前需求，以及其未来需求的价值主张。如果能以较低的成本（这里的成本指资源利用方面的功能）实施，那么你的企业便是一个高效率企业。

比如，假设某家企业认识到失去市场份额是因为缺乏新产品，所以需要进行创新维护客户基础。如果该企业选择通过简化生产流程、基于成本差异进行竞争，而不是在产品开发上进行投资的话，它专注的就是效率而非效用。

根据定义，高效用企业在某种程度上也是高效率的，它能满足利益相关者的价值期望，但反过来说却不一定对。企业可以在达到极高效率的同时完全没有效用。这就是为什么应该以效用为先：高效率低效用的企业将很快失败，但高效用的企业因其产生的价值而赢得时间，可成长为高效率的企业。分析的层次将极大地影响效用与效率：企业战略方面的效率可能就是运营方面的效用。

在这个原则之下，我们并不提倡忽视效率去单纯追求效用。相反，两者都是必要的，重点是以谁为先。成功的转型实际上综合了以效用为主导的和以效率为主导的措施。总体上来说，相对于专注于效用的措施，专注于效率的措施更易于度量，更易于取得成果，因为它们着眼于已固定下来且为人所熟知的结构、政策和流程。这些专注于效率的措施可以立即见效，因此可作为成功的示范，并得到转型中各利益相关者更高的认同。但如果效用主导型措施因此被排斥，那么这些速效而具体的成果将成为能力陷阱（即你只做那些你清楚该怎么做的事）。

罗科公司的案例阐释了这一点。该公司视创新为生命线，强调效用先于效率。尽管创新具有“冒险”的性质，但罗科公司一直都将毛销售额的 18% 至 20% 投入到研发中，这一比例远超业界同行。它很早便认识到，所有研发都在公司内部完成不是长久之策，因此它转而寻求建立长期效用，把新产品和服务先于竞争对手推向市场，换句话说，就是在利用自身人才库优势的同时开发利用所谓的“全球智囊”。今天，罗科科技公司专注于基础研究（传统研发），而罗科公司通过先进技术中心专注于新一代产品和服务以及特定领域的卓越中心。而这样的定位也通过 10X 项目得到了增强，该项目旨在唤起罗科公司员工的突破性、创造性思维，也旨在通过开放式创新发现有用的科技，并将其融入企业技术组合。

原则 5：处理公司内外的相依赖因素

每一个企业都是高度融合的系统，它的业绩取决于关键结构、政策、流程及利益相关者等主要元素之间的一致程度。企业转型中最大的难题之一是划清企业边界，因为在企业演变和转变的过程中，企业的内部元素不一定一直保持在边界内部。划清企业边界后，还需要标示出结构、政策和流程，以便确定相依存因素。要进行成功的转型，必须同时考虑到内部和外部的相依赖因素。

比如说，在考虑企业和供应商一贯的关系时，这一原则的重要性便凸显出来。以我们研究的一个企业为例，它的很多要求都由一个更大型的组织所主导（它是这个组织的一分子），而它的供应商从本质上属于平行组织结构下的姐妹机构（本身也是企业）。这些姐妹公司彼此之间互为供应商，因此高度互相依赖。但是，供应物料的流动却不总是很顺畅，有时候不同机构间对相关要求的理解并不一样。经过分析，很显然，如果能解决交界点的问题，企业业绩便将得到大幅提升。几乎每一个与其他单位、部门或实体存在关联的大型企业都面临着此类内部相依赖性的难题。

在我们研究的另一个企业中，它的技术要求来源于外部，具体实施是在主要供应商中进行的。这些交界点或外部依赖点上存在很多改善的机会。

成功管理内外的相依赖因素在维持转型动力这一方面很关键。罗科公司对它最大的客户波音公司2008年罢工事件的处理方式就展现了这一能力。波音公司作为罗科公司的一个主要外部依存因素，理解它就意味着未雨绸缪。所以，罗科公司提前评估了罢工对自己工程和生产部门的潜在影响，断定一旦这一隐约逼近的罢工事件发生的话，再维持现有的工作节奏和工作量也不能提升价值。于是，罗科公司决定让艾奥瓦州生产部门的一些工人自愿下岗，并推迟聘请200多名工程部员工，以此应对因罢工而引起的需求变化。另外，它还重组了生产部的工人，并减少了加班。此外，它还降低了收入预期。尽管这些方面的削减使公司和员工陷入短期的困难，但由于能认识到波音公司和罗科公司之间强烈的相依赖性，这些措施使得罗科公司能安然渡过难关。尽管罢工和航空运力缩减导致销售额下降14%，但罗科公司却成功地将商用领域的销售利润幅度维持在20%。

原则6：确保整个企业内部的稳定性和流动性

稳定为制定企业业绩评估基准线提供了基础。在稳定的情况下，企业内部的流动性使你能够看清瓶颈，找出问题的根源。这两者在任何转型中都是核心。

如果企业环境汹涌动荡，那么企业只能看到冰山的顶端，而没有理解深层次问题就试图绕开冰山航行可能很危险。如果企业环境稳定而流通，那么企业可以看到冰山更多的面目，通过寻根问底式的问题解决方法绕过冰山。

关于稳定性和流动性的案例非常多。比如，通过建立企业信息系统，组织的目的是确立企业整体的信息流动，支持主要高层领导的决策，而良好的决策则将增强稳定性。

罗科公司注重保障企业整体信息流动的行动可追溯到 1997 年，当时该公司建立了贯穿整个企业的企业资源计划（ERP）系统。随着舒适度的提升，成本估算工具和采购流程先后并入该系统，公司因此获得《采购》杂志（*Purchasing*）2005 年优秀奖。贯穿企业的无缝信息流动建立起来后，罗科公司便能够理解它对信息的使用，并利用更新的商业模型提高企业业绩——它先是在 2003 年实施了仓储区域网络，后来这又转化为按次付费以变现运算力。

美国西南航空公司的案例说明了稳定性问题。该航空公司在 20 世纪 90 年代和 21 世纪初期不断成长，但一直保持缓慢稳定的扩张步伐，确保一切尽可能稳定地运行。公司希望保证合适的人员担任合适的职位，而且希望航空公司不要因过多压力而无法维持原有的服务水平。在“9·11”事件发生后，西南航空公司是少数几家没有裁员的航空公司之一，维持了稳定的雇用。情况好转以后，人们又开始大规模搭乘航班，而西南航空公司拥有着一批行业中最忠诚的员工，它的稳定性使它能提供非常高品质的服务。

原则 7：注重组织层面的学习

企业的学习在三个层面进行：个体、群体和组织。个体拥有洞察力和直觉，通常是由于早前有过类似的经历（专家直觉）。有时候，专家直觉以预测未来的能力的形式出现（企业家直觉）。个体将这些洞察进行解读并提升至群体的层面，而如果企业存在一套共同语言，且所有成员对常用于交流见解和学习的比喻有着同样理解的话，这一步就更容易达成了。群体层面的融合产生了新的知识、方法和概念，企业可以通过组织惯例和组织背景的形式将它们制度化。组织层面的学习是企业成功转型的关键。

注重组织层面的学习，主要是建立相关文化和背景，为学习型组织提供支持；同时，也是建立正式的结构和政策，以便于管控学习过程。在变革的背景下，组织层面的学习可通过以下两种形式进行：

◎ 在企业中不同层面的利益相关者确定潜在改进的领域时，通过探索进行学习。

◎ 当企业部署了员工熟知且熟练掌握的变革工具和技术时，通过充分利用它们进行学习。

企业通过探索可确定，随着新的信息产生，进行变革的战略决策是否仍然是对的。对新的工具和技术进行试用，有助于筛选出当中在更大范围内可最佳利用的那些。

一些企业发现（也可能是自认为）它们因忙于执行而无法进行学习。这实际可能意味着，面对日常生产中实际产生的学习财富，企业缺乏获取这笔财富的基础设施，或缺乏合适的机制来消化其中积累的大量数据和知识。无论哪种情况，都说明企业领导团队需要更好地理解学习在维持企业转型上的作用。

罗科公司开启了一段新的历程，意在改变员工的学习思维和获取信息的方式。它的目标是改变一个被认为是“保守、厌恶改变、对新想法持怀疑态度、对变革极度谨慎的公司”，由此建立起一个学习型组织。

用琼斯的话来说，建立学习型组织的第一步是建立公司上下以终身学习为先的普遍预期，这也说明了与不断变化的科技和工艺环境保持同步的重要性。琼斯的观点是，如果人通过学习培养了适应力，那么组织整体也具备了适应力。该公司在这方面的措施真正的优势在于，它有能力将学习转化为竞争优势和利润成果。它通过开拓性的网络学习和导师辅导法得到强化，其中导师辅导法召集了一帮经验丰富并掌握该知识密集型企业大量知识的“老人”员工。它同时还在全公司范围内实施了更为正式的知识管理系统，除了传统的搜索功能之外，该系统的权限和安全控制也对机密信息和知识产权实施保护。

这些企业转型原则体现在本书所有内容中，它们基于精益思维和精益企业的经典原则，用以解决企业层面进行转型的特殊难题。精益思维的原则已被证实能极大影响这项工作的开展，精益企业原则也使得我们能重新定义精益原则和工具的应用范围。但是，这两者都不能很好地把实施转型能够且应当采取的方式进行清晰的表述。

再次献上企业转型七大原则：

- ◎ 在企业转型中采取整体式路线
- ◎ 确保领导层致力其中并制度化
- ◎ 识别利益相关者并确定他们的价值主张
- ◎ 专注企业效率前先专注企业效用
- ◎ 处理企业内外的相依赖因素
- ◎ 确保整个企业内部的稳定性和流动性
- ◎ 注重组织层面的学习

企业转型原则代表了转型实践的经验教训之精华，企业可以将这些经验教训根据自身的特殊要求进行个性化应用。我们刚刚探讨的原则确认了，转型需要采取能将认清现状和分析现状有效结合的整体视角、明确阐述未来愿景，以及达成该指定未来愿景的实际转型过程。没有致力于改革、理解建立业绩基准线的必要性、确保信息资源自由流通、建立组织层面的学习系统以避免企业重蹈覆辙的领导团队，企业便无法达成愿景。转型的核心是利益相关者价值主张，它不仅反映了企业利益相关者希望得到什么，还反映了企业希望从利益相关者身上获得什么。要想成功转型，企业还必须着重先做对的事，再把事做对，并理解企业内外的相依赖因素。

企业转型的这七大原则不是彼此孤立的，而是紧密联系的，它们的应用建立起一套转型系统。你的企业可以成为罗科公司那样的范例，积极主动地创造改变，而不是消极应对改变。企业转型将重塑你的环境，带来能缔造更大成功的变化，而正是这些原则支撑了我们的企业转型方式。我们在企业转型路线图中对此进行了阐述，而转型路线图这一分析框架构成了接下来几个章节的内容，其中你将学习通过七大透镜评估企业现状、展望企业未来愿景、建立变革计划以及执行该计划达到成功转型的相关内容。

本章要点

BEYOND THE LEAN REVOLUTION

◇ 转型需要采取能将认清现状和分析现状有效结合的整体视角、明确阐述未来愿景，以及达成该指定未来愿景的实际转型过程。

◇ 企业转型需要领导层致力于采取企业思维、投入转型所需资源、亲自领导转型实践。

◇ 所有转型实践的核心都是理解、清晰表述并兑现企业价值主张的能力。

◇ 效用，即做对的事，它优于把事做对的效率。

◇ 企业必须处理好其界线内部和外部的依赖因素，这是转型之路的一部分。

◇ 企业的稳定性和资源信息的有效流通能使它大幅提升业绩。

◇ 在转型之路上，企业必须花时间反思所得的教训，必要时采取矫正措施。

02

BEYOND

The Lean Revolution

企业成功转型的路线图

没有人打算失败，

他们只是没有做好成功的打算。

——威廉·亚瑟·沃德

美国著名作家、教育学家

坦白地讲，大多数转型都会失败。这是从我们和很多机构的合作经验中发现的。“失败”指这些机构的行动无法持续，或者它们没有达成预期的战略目标。但是为什么会失败呢？我们的经验显示，在大多数情况下，最后的失败都是因为没有在一开始就采取企业整体视角（也就是说，没有遵循企业转型的第一个原则）。缺乏这样一种视角，行动将必然以忽视转型系统中成功所必需的主要因素而告终。当然，失败常常始于一些很具体的事情。

企业转型失败的原因

表 2-1 对企业转型失败的类型与原因进行了总结。

表 2-1　　企业转型失败的类型与原因

失败类型	失败原因
只关注“我的后院”	只实施局部项目，不考虑企业整体的影响
行动型	凭感觉认为需要“有所行动”，只衡量 / 重视行动而非进步
轻易实现的目标	把精力聚焦在最容易解决的问题上
“宠物工程”	着力做领导想做的，不管这是否正确、是否能解决根本问题
新任领导	遵循新任领导定下的路线，而不管组织现状或经历

续前表

失败类型	失败原因
领导不作为	领导不参与其中，把所有转型工作都委派给下属
外聘改革者	引入局外人来开展执行转型工作，且没有留下任何规划
追逐潮流	在转型工作中频繁转换转型方式

和缺乏企业整体视角最显著相关的是，组织只实施局部项目而不考虑对企业整体的影响。这种失败常常是由于缺乏整体意识。以一家大型国防制造商为例，该公司的工程部决定大量缩减生产工艺工程师的数量。为什么做出这样的决定？工程部的领导从工程的角度判断，认为这没有带来增值。在该决定转变为行动后，所有人才发现这造成了生产延期和相关成本超支等后续重大影响。这家公司的转型成为我们所谓的“只关注‘我的后院’”这一类失败的典型。

有时候组织凭感觉认为需要有所行动，来获得其所（错误地）定义为企业转型的动力，但却从来没有取得任何进展。这些遭遇了“行动型”失败的组织往往倾向于衡量行动而非进步，甚至可能更重视行动而非进步。我们所知道的一家大型政府机构，着重于衡量它采取的优化项目的数量，以及参加所谓的“优化”培训的人数。但是它从来没有从战略上进行反思，这些行动是否确实推进了组织转型。

在一家大型航天企业中，我们发现它着力于缩减车间的直接劳动力成本，即使所占成本比例不足该公司总成本的5%。这样做的原因是从直接劳动力入手比较容易，公司因此遭遇了“轻易实现的目标”类型的失败。

有若干种转型行动直接始于高层领导的行为和决定，他们这样做只是因为他们是领导者（也就是说，他们做得到），很少甚至没有考虑战略因素。有时候，权力和政治的介入导致“宠物工程”式失败：行为和决定的着力点出错，没有针对根本问题。最近有一家医院对急诊部门的延误进行了更深层的根本原因分析，避免了“宠物工程”式失败。相关主管人员一直都打算安装自助登记终端来提高患者流动量，但分析显示系统的延误不是因为登记时间太长，而是因为住院病床不足。

同样的，失败也常常是因为新上任的领导坚持组织遵循自己的路线，而不管组织的经历和目标。这种“新任领导”式失败有这样一个案例。克里斯蒂安·斯特雷夫（Christian Streiff）于2006年7月成为空客的CEO，开始对正在进行的所有项目进行检查。3个月后，他把结果呈交空客高层领导团队，提出了全面的改组计划，包括单独将A380的生产转移到法国。这份提案遭到了强烈反对，因为它没有满足关键利益相关者的需求，包括母公司欧洲宇航防务集团的需求。尽管他因为此前在其他地方进行了成功的改革而得以聘用，但他无法将空客作为一个整体看待，最终被迫辞职。

相反，一些领导人完全拒绝进行领导。他们没有参与其中，反而将所有转型工作委派给其他人。我们相信几乎每一位读者在职业生涯中都曾经历过这样的事情。我们把这样的结果称为“领导不作为”式失败。在拉里·博西迪（Larry Bossidy）担任联合信号公司（Allied Signal，现被霍尼韦尔公司收购）的CEO时，领导需要对亲自领导的变革措施负责，由此杜绝这种类型的失败，博西蒂因此享誉整个商界。他也在自己的畅销书《执行》中分享了领导转型的一些经验。

某些领导人的无心参与体现在引入咨询师或其他被认为能替代为改革组织的人。美国国防部的服务部门之一外聘了一家大型咨询公司来制定并执行转型行动。然而，咨询公司离开之后，该部门没有可行的转型计划可遵循，也没有相关的保证和激励来推动转型，因此遭受了“外聘改革者”式的失败。

与引入局外人来完成企业本身需要做的事情相关联的是，企业倾向于在转型行动中经常切换转型方式，不断追求“杀手锏”，不断重塑转型行动。我们发现，一个组织内部出现了变革疲劳。一位疲惫的员工告诉我们：“我来到这里的时候，我们采取的是‘质量小组’，接下来的称为‘全面质量管理’，后来又有了一个新项目，现在则是精益六西格玛。都没见效！”该组织最终遭受了“追逐潮流”式失败。

通过企业转型路线图，我们得以开始解决转型中缺乏企业全局观的问题。通过这样的做法，我们找到了避免以上所有类型的失败的方法。

企业转型路线图

企业转型路线图的制定基础是超过 10 年的企业研究。它提供了看待、思考以及同时实现情景式和持续式变革的方法。因为这些类型的变革同时发生，所以领导层必须把两者都考虑在内。这个路线图为有效且高效地制定转型战略、规划和执行提供了框架。它同时为企业领导在考虑这两种企业转型所必需的重大战略性、文化型和运营型变革时提供指引。

图 2-1 由三个循环组成。

◎ 第一个是战略循环，其中制定该转型个案时组织领导层参与其中（如引言所述，在下一章将详细介绍）。

◎ 第二个是规划循环，包含了分析和确定企业现在与未来的状态，并明确制订转型计划，以达成未来愿景。

◎ 第三个是执行循环，在这个循环中计划得到了实施。

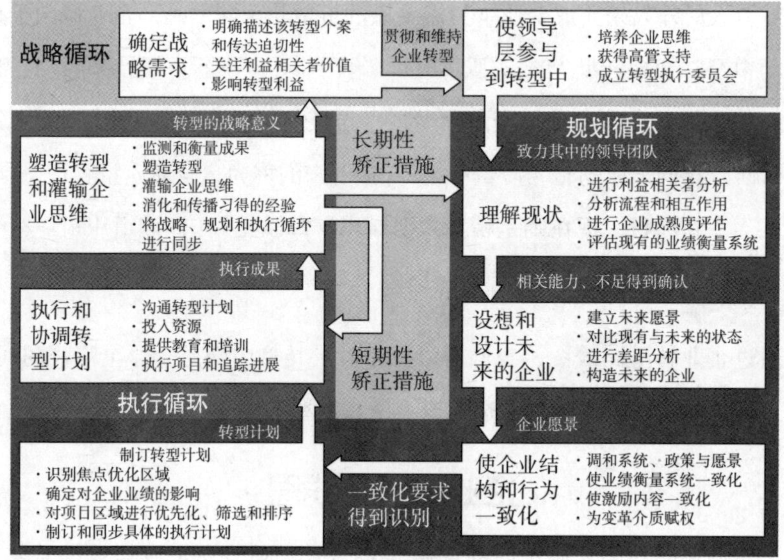

图 2-1　企业转型路线图

在整本书中，我们将始终以案例来说明，企业领导者如何通过路线图来提高他们在企业转型问题上的思维品质，以及如何通过路线图指引转型计划的制度，从而传递更高价值，为企业整体带来利益最大化。

◎ 路线图避免了“只关注‘我的后院’”式的失败，因为它使你关注所有流程之间和组织之间的相互关系。任何“局部”计划的实施都是因为考虑到项目在其职能范围以外的影响力，也就是说，考虑到它们如何通过提升价值传递而服务整体企业。

◎ 路线图避免了“行动型”式的失败，因为它可以帮助领导层从战略上反思行动。

◎ 选取转型计划的基准是它们是正确的且能明确推动企业达成长期目标，从而避免“轻易实现的目标”式失败。

◎ 实施具体项目的唯一理由是它们对企业有意义，从而避免“宠物工程”式失败。企业在规划循环中遵循结构化的方式，确保决策是基于能揭示根本原因和根源问题的数据，并且与转型计划始终都有关联。

◎ 路线图流程也为避免“新任领导”式的失败建立了基础。如果组织的整个高管团队都能遵循该路线图，那么新任领导将面对的便是其他高层领导已达成的强烈共识、转型的理论基础以及已共同达成的理解和心理模式，这些都是有数据支撑的，新任领导无法选择忽略。

◎ 你也会看到路线图流程使领导者在转型起步时就进行领导并始终参与其中，从而使企业避免了“领导不作为”式失败。

◎ 路线图还强制企业内部掌管并理解渗透于整个企业的转型，从而避免“外聘改革者”式失败。

◎ 最后，路线图提供了综合紧凑的转型方式，不受制于任何可供选择的具体工具，因而可避免“追逐潮流”式失败。

该路线图取材于与业内高管的广泛讨论，取材于本行业、政府部门和学术界代表共同努力建立的框架，也取材于几十年来多位学者在变革管理和组织动力学方面的研究。作为企业领导者的指南，它致力于回答几个主要问题：企业改革有没有持续成功之道？企业如何确保其战略目标与转型行动紧密一致？需要采取什么步骤才能确保转型计划作用于企业层面，而不只是一系列的动作？这些问题源于观察到的现象，那就是大部分企业变革计划常常过多关注非企业层面的活动，而对作为整体的企业及成果不够重视。

企业转型不是战略规划

企业转型路线图的基础假设是你并不是对企业进行微调，而是有着完全不一样的打算：企业转型。企业转型涉及改变企业的思维方法、流程、与员工的关系、分享信息的方式、与供应商的关系、员工的情况、采用的组织发展步骤等。企业转型可以涵盖这些因素的部分或全部，甚至更多。路线图一部分是帮助企业领导者确定，必须在企业活动的哪个领域，实施其中哪些变革，才能达成战略目标。

虽然上一段文字可能使你以为企业转型就是战略规划，但它并不是。相反，企业转型流程的假设是，战略规划已经完成，战略目标也已进行了明确阐述。确实，如果遵循该路线图，其流程的性质便决定了现有的战略目标需要更明确的说明。

表 2-2 总结了战略规划与企业转型之间的不同。

表 2-2　战略规划与企业转型的对比

战略规划	企业转型
战略规划者为企业领导制订一系列的可选方案	高级领导团队协同合作制定出转型的可选方案
主要聚焦于客户和竞争者身上	以利益相关者为中心的分析，涵盖了内部与外部两方面的利益相关者的需求
规划者进行产品 / 市场分析	把企业价值主张作为整体进行分析
聚焦于预算分配和战略选择	聚焦于实现企业结构和行为的改变

即使企业并没有明确的战略目标，只是清楚地感知到必须有所行动的话，遵循该路线图也有助于界定战略要点。所以，尽管该路线图不能代替战略规划，但它能清晰表明企业要发挥作用还需要什么，尤其是能力方面。如果组织的变革速度极高，并且需要快速响应环境变化，那么路线图的转型流程便界定了企业能有效运营的范围。因此它能为你做必要的决策时提供支持。

以我们认识的一位来自麻省理工学院的企业家为例，他创立了一个小型的科技公司，专注于工程环境设备这一领域。当该公司一夜之间取得成功时，他发现公司需要快速转换成大规模生产模式。这一扩张为公司带来了不少难题，包括对不同类型的员工的需求。这名企业家不知道如何应对这一突然的转变，于是开始了一些变革，但现在回想起来才发现，这似乎就是“行动型”失败。由于缺乏公司战略规划，一切都变得更糟糕。我们的团队为他和他的领导团队详述了整个路线图。结果是，公司后来明确了在战略层面需要怎样行动，才能应对生产和人事方面预料之外的新挑战。

我们团队合作过的一家来自欧洲的全球化软件开发商的案例更具代表性，该公司的战略目标已经明确，而路线图帮助它提升了这些目标。这家企业我们称之为 ZED 公司，它的收益和全职员工数都得到了指数式增长。在我们的团队开始这项工作的前一年中，它达成了 40% 的增长。在取得巨大成功的同时，它也面临着很多问题，高层领导的整体感觉是需要进行变革。ZED 公司当时考虑采用精益的手段保持其增长势头。他们邀请我们的团队通过企业转型战略分析工具（ESAT，在本章末将更详细解释 ESAT）来帮助他们制定转型规划。

该企业的转型规划需要满足它的 5 个战略目标。

第一个战略目标是扩大规模。这意味着进入新的市场并维护已有的客户，雇用新员工并为他们灌输企业身份认同，并在人才众多的地方开设新的分公司。其目标是保持增长势头，但这必须在维持并提升 ZED 公司产品服务质量的前提下加以实现。

第二个战略目标是提高收益。这一目标和“扩大规模”的目标直接相关。该公司采取它所谓的“风险资本式手段”，着力于关注公司新旧员工的研究项目与创意，并提供种子资本与资金使这些创意得以成长，然后由董事会在每个季度决定是否将某个项目拆分出去。ZED 公司内部一直都以这样的方式稳步发展新项目，同时也从分公司所在地的高校聘请新员工。

第三个战略目标是提高利润率。公司领导层在进行企业转型规划之前，就已经计划将产品服务往价值链上游迁移了。他们感觉可以通过对员工投资、研发、培训，以及通过将日常性、重复性和非增值的运营活动分包来传递更多价值来达成这一转变。减少与服务业务相关的一些日常开支将是确保长期成功的关键。

第四个战略目标是提高品牌认知度。ZED 公司旨在通过这一点来支撑第一个和第二个战略目标，更灵活地进行定价以及更好地聘用并留住最优人才。

第五个战略目标是吸引并专注于更大型项目的能力。ZED 公司同时也希望通过更高的品牌认知度来达成这一目标。

这些目标涵盖了 ZED 公司的战略规划。这些不应弃用，相反，它们为企业沿转型路线图开启其旅程奠定了基础。在接下来的章节中我们会回归 ZED 公司，向大家展示该公司的企业转型具体行动。

铭记路线图的以上要点后，现在让我们来综述这三个循环以及每个循环中的活动。在接下来的章节中，我们会为每个章节提供细节。

企业转型第一步：战略循环

路线图的第一步是战略循环，需要确定企业的战略需求。如引言中所述，这个过程的第一步是明确该转型的企业个案，关注利益相关者价值。

在战略循环的第一步中，须建立领导层的相关基础，使进行和维持企业转型成为可能。我们合作过的一位高管这样说：“既然我们已经认为确实需要变革，那么这就是我们要做的事情。”

在这个过程中，企业领导层必须充分参与。CEO 会使他的所有直接下属参与进来，部门负责人也会使他的所有直接下属参与进来。整个高层领导团队都必须加入，毫不含糊地传达转型的紧迫性。而在这一切进行的同时，也必须确保整个领导团队跳出个人领域，着眼于更大范围的企业中不同部门之间的相互关系，着眼于他们的行动将如何影响下游以及其他人的行动如何影响到他们等等。

企业思维的重要性毋庸置疑。比如，我们曾经帮助一家公司启动企业转型。作为初始分析的一部分，我们请几位高管从自身的角度描述公司的现状。工程部副总裁非常客观地告诉我们，主要问题是生产部从来没有准时交付过产品，需要我们帮助解决该问题。而生产部的负责人告诉我们，部门员工完全有能力准时交付产品，只是供应商从来没有及时供应所需材料使他们赶上最后期限。我们向供应商询问这个问题时，得知工程部提供供应材料所需图纸时总是延迟 6 个月。当我们回到工程部时，主管确认本该 6 个月完成的图纸常常花费 12 个月。他坦白自己并不知道这样的延误对整个企业的流动有什么影响。虽然听起来有点不可思议，但他确实从来没有认真思考过，其他人能否弥补他的团队所延误的时间。

几个月后，我们回到了这家公司，再次与工程部副总裁对话。他告诉我们，企业其他部门的员工对他的部门施以援手，他也理解了他的部门对这些人的工作产生了什么影响。

这里存在一个简单的事实，在垂直思维运营模式的分层结构中，这样的问题通常无法浮现到表面上。把所有人召集到一起讨论企业情况，可以起到惊人的效果。高管们会发现他们不了解或从来没思考过的问题。更重要的是，他们培养了关于企业的共同思维模式。

在企业转型的这一前期阶段，取得高管支持是确保领导层参与的重要一环。事实上，达成需要变革的共识非常关键。不能只是告诉高管们新的行动正在准备中，他们需要加入进来。要想完全达成一致，领导层必须向各自的直接下属出示相关证据，展示变革的紧迫性。

高层领导加入之后，还必须采取措施来巩固他们的参与。这一过程可通过成立转型执行委员会来得到部分实现。该委员会负责监督，由负责确保转型得以进行的人员组成。如果现行结构无法成立这样的委员会，就应着力创建。

直线型组织须负起责任驱动转型，这一点很关键。但与此同时会有很多情况出现，因此需要委任某位员工或成立团队，负责着力推进特定领域的转型。举个例子，在我们合作过的一个企业中，生产部和工程部的副总裁共同领导一个特殊小组，以此保障完成公司缩减上市周期的特定目标。两位副总裁领导的部门在达成这一目标的所有行动中都起着关键作用。

确保领导层参与转型的种种努力，最高形式是成立某种转型治理体系。这能有效地确保责任、权威和问责明确的一体化。这样的多合一系统本身就是成功的一种前提。

企业转型第二步：规划循环

企业转型路线图的第二个循环是规划循环。有了致力其中的领导团队后，这一环节包含了：

◎ 理解企业现状。

◎ 设想并设计未来的企业。

◎ 使企业基础设施一致化。

◎ 创建达成该未来愿景所必需的转型计划。

进行企业转型的人常常希望先行一步面向未来，但谁也不能跳过理解企业现状这一步。我们发现企业高管常常缺乏对公司现状的全面理解，他们关注自身领域，却几乎完全忽略了整体。我们还发现高管们通常缺乏对企业现状的共同理解。如果缺乏整体视角和共同理解，在战略循环中建立起来的领导团队凝聚力很可能无法持久。

分析及提高企业整体业绩的过程需要系统化的方式和工具。我们采用了企业转型战略分析工具（ESAT），它旨在支持和实现规划循环。图 2-2 展示了我们驱动路线图的步骤，这些步骤来自 ESAT。无论你选择哪种方法，这一流程都会使你在实现路线图的时候能够全面地分析企业。

该过程中的所有步骤都和规划循环的活动有关，由图 2-1 路线图的分项符号加以标示。让我们逐步浏览规划循环，大致了解如何进行这一过程。后面的章节会提供更多相关细节。

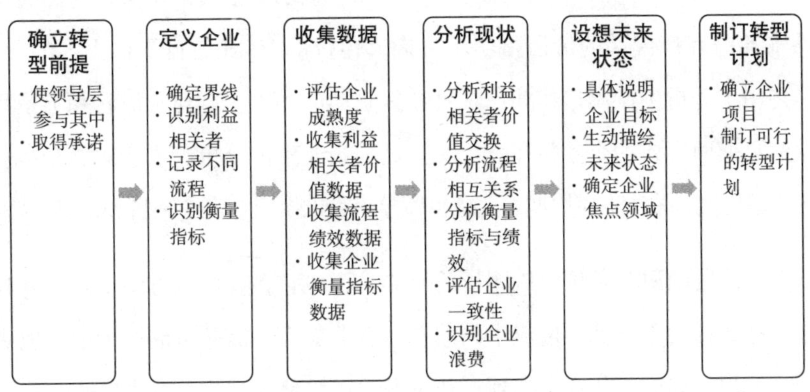

图 2-2　驱动路线图

规划循环中第一批具体动作促使你理解企业现状：分析利益相关者、分析现有流程及其相互关系、评估企业实施种种企业转型关键措施的效果以及评估绩效衡量方法。

在利益相关者分析中，你会首先识别出利益相关者，然后推导出每一个利益相关者或相关者群体与企业之间如何相互传递价值。这里的价值，一部分是由利益相关者所界定的。

分析企业流程及其相互关系的本质是分析价值流。大部分读者都熟悉产品价值流这一概念，它的定义是“为将原材料转化为可交付于客户的最终产品所需的一套端对端，联合的动作、流程和功能”。这是界定企业价值流的起点，它比产品价值流的层次更高，也更广泛。除了产品生命周期的流程外，企业价值流还涵盖了支持端和高管的流程。它展现了企业和外部环境、企业和自身内部高层流程的总指挥之间的联系。总而言之，企业价值流是以商业案例阐明企业为何存在的。

我们对很多组织在转型中可能都应用过的方法加以调整，但我们的方法涵盖了一些重大的不同点。价值流图析（VSM）揭示了浪费的源头，为提高企业产品服务向客户传递的价值指明了方向。传统的 VSM 是自下而上式的分析，最早多用于分析生产制造作业。尽管今天它的应用更为广泛，但它并不是我们所需的自上而下式的企业整体分析法。这种企业整体分析着重于向所有利益相关者传递价值，关注生命周期、赋能和领导流程以及企业多个项目和多条业务线。

揭示浪费的源头是价值流图析的核心，因此它在我们的方法中被提升到了企业层面。相对于产品价值流中的浪费，企业层面的浪费可能更无形，也更难识别，但你将在后面几章中找到一些工具，可以使该转型环节中的这一难题得以解决。

我们所应用的另一工具是精益企业自评估工具（LESAT），这是由英国的行业、政府机构和学术界同行共同制定的。它基于企业领导层、生命周期和赋能流程的能力成熟度模型，给出企业针对现时精益程度以及变革意愿的自评估方法，从而为现状分析提供支持。通过 LESAT 收集的数据有助于形成现状视角以及识别未来机会，这两者为形成转型计划中的未来愿景提供了基础（附录一将以两个案例分析的形式给出更多 LESAT 的细节）。

因此，规划循环的第一部分为企业领导层提供的实质上是对现状的诊断。这是建立任何现实可行的未来愿景及识别达成愿景所需条件的基准线，而这便是转型计划：一系列旨在达成企业整体业绩并面向未来愿景的高层项目。这个计划展示了如何跨越企业现状与预期状态之间的鸿沟。它确定了这些项目对企业业绩的预期影响，制订了沟通计划来确保企业整体都能跟得上转型步伐。为使所有人都了解并参与其中，成功转型中的沟通项目一般都应用多种多样的媒介和载体，包括时事通讯和全体大会等。

前文论述的七大原则为企业转型提供了理论基础，而路线图为这些原则的有效应用提供了框架。图 2-3 展示了整体的变革方法。

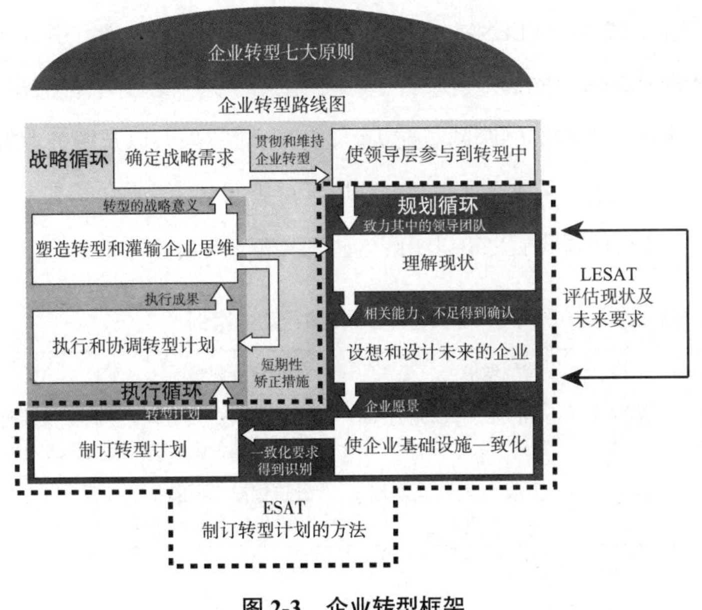

图 2-3　企业转型框架

企业转型第三步：执行循环

企业转型路线图的第三部分是执行循环。我们把它称为第三部分，而不是最终部分，因为它将回归并衔接到战略循环，而在理想状态下，企业也继续着它永不停息的改进之路。

执行循环的细节将在本书最后一章详述，在此转型计划会得到执行和协调。若要成功，详细的项目执行计划彼此之间以及与总计划之间必须相关联且同步。开展实施活动的同时企业也仔细追踪着进展。企业投入了资源，也在必要时提供教育和培训。

在执行循环中，企业思维也得以塑造并灌输到整体企业中，这是通过企业整体范围内的若干活动实现的。企业也监测并衡量转型计划中确立的项目所取得的成果，并对此进行沟通。经验教训得到了消化，并在整个企业中进行了传播，长短期行动也进行了同步。

我们通过 ESAT 和 LESAT 来帮助分析、设计、改造企业，引领大量机构完成了路线图流程。表 2-3 提供的代表案例说明了这一企业转型整体框架是如何得到应用的。这些案例跨越了航天、医疗、国防采办以及服务业等广泛领域。每个案例都通过采取企业视角而获取了重要洞察。这些机构在不同程度上进行了学习和改造，我们也得以了解这些工具是怎样起作用的。

表 2-3　　转型行动的案例

行业	机构	转型理由	企业分析洞察
航天行业	航空货运承运人	缩减成本及周期时间	多元的利益相关者（本行业及政府监管方）是企业成功不可或缺的因素
	航天中心	开发与采购周期过长，成本过高	紧迫性源于所包括的外延企业，包括关键供应商和需求生成方

续前表

行业	机构	转型理由	企业分析洞察
医疗行业	精神病院	打破文化传统，以推动必需的变革、提升服务并缩减成本	尽管精于照顾病患，但不当的常规行为需进行优化，并跨越界线进行应用
	医院	急诊部门过度拥挤	传统的精益方法很可能只是次优方案，与其他医院部门（门诊、手术室等）以及外部机构（保险公司、初诊治疗机构等）间存在的强烈相依赖性，确保转型基于整体式原则
	医疗器械厂商	高增长率，提高质量与利润率	需要建立治理系统，以便于监督企业转型。跨越组织边界这一点很关键
服务行业	商品提供方	客户服务与开发和交付平台不一致	提供利益相关者全面价值主张的同时利用了企业前端界面，同时采取效用型和效率型方法
汽车行业	汽车厂商	在全球产品开发中缩减上市周期	企业需要传统研发之外的东西。简化组织边界之间跨职能的信息交换是转型的关键
政府部门	航空物流中心	提高飞机利用率；物流支持方面的商业竞争	着力于区分项目优先度，通过共同的企业战略愿景提升任务效力
	采办、技术和材料支持	以更少的成本、更短的周期提供更高层次的实地支持。组织一体化	管理层广泛参与，把供应基地纳入其中，与 IT 系统达成流程一体化是综合性企业模式的必需条件

在接下来的章节中，我们将通过很多这样的案例来说明这些工具和方法是如何起作用的，自我评估是什么，等等。首先在下一章，我们会详细探讨路线图的第一部分，以及如何使企业领导层参与到转型中。

本章要点

BEYOND THE LEAN REVOLUTION

◇ 大多数转型都以失败告终，原因几乎总是可以追溯到在这一过程开始时没有采取企业整体视角。视野的局限导致企业忽略转型系统中成功所必需的关键因素。

◇ 企业转型通过以下三个循环得以开展：战略、规划和执行循环。企业转型路线图用于阐明以上循环中的各步骤，有助于引导这一过程并确保成功。

◇ 企业转型不是战略规划，它以源于战略规划的战略目标为基础。若缺失这些目标，可通过路线图引导企业设立战略目标。

03

BEYOND
The Lean Revolution

领导层转型

没有愿景的领导人，

就像信件贴上邮票却没写地址一样，

永远到不了目的地。

——穆罕默德·伊尔登

土耳其当代作家、诗人

那些研究和实施企业转型的人，就变革应当从哪个方向实施进行了坦率的辩论。有的人认为自下而上的模式最佳，有的人则更倾向于自上而下和自下而上的混合模式。我们的经验显示，尽管企业转型必须逐步发展为混合模式，但它的启动必须是自上而下的。

也就是说，我们持有的观点是转型由领导层推动。尽管所有参与到该企业中的利益相关者都必须理解、实施、评估并巩固转型活动，我们的经验却显示，只有在高层领导团队以身作则进行领导时，才能实施转型并取得成功。当企业领导团队致力于转型，并为它的成功负起责任时，才能真正开启这一进程。只有这样，“企业转型人人有责”这一想法才能成为现实。只有在积极的领导层全力以赴投入大量时间、精力和心血后，才有可能进一步让企业所有利益相关者都参与进来。

我们认为企业各层次的人都必须全身心地参与转型，但在一开始必须有一个积极的领导团队，理解企业转型的背景并致力于实现转型。每个企业都有相关的文化，而领导者必须理解企业文化。领导者的职能之一是能够理解并塑造企业文化以支持企业持续转型。拥有一个积极的领导团队，企业的转型才能以同心圆的形式向外辐射，触及企业每个角落。然后在不断的交互后，转型变成既自上而下，又自下而上的模式。

图 3-1 是企业转型路线图中的战略循环，在这里领导层的参与作为规划和执行的前提，被置于首要且中心的位置。但是在企业转型路线图前面这几个方框中需要有什么样的动作？答案涉及积极的领导必须有怎样的状态与心态，还有他必须做的事情。

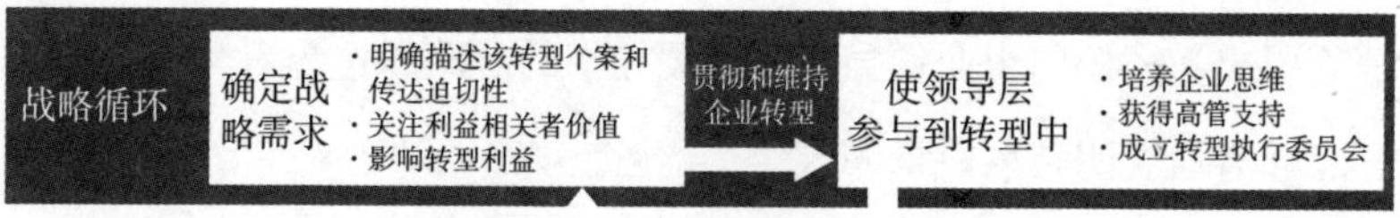

战略循环
确定战略需求
· 明确描述该转型个案和传达迫切性
· 关注利益相关者价值
· 影响转型利益
贯彻和维持企业转型
使领导层参与到转型中
· 培养企业思维
· 获得高管支持
· 成立转型执行委员会

图 3-1　企业转型路线图战略循环中领导层的角色

转型始于战略视角

在刘易斯·卡罗尔（Lewis Carroll）所著的《爱丽丝漫游奇境记》中，爱丽丝遇到柴郡猫，问它："请问，你可以告诉我应该走哪条路吗？"

柴郡猫回答说这要看爱丽丝想去哪里。爱丽丝解释说她不在乎能去哪里，只要能去到某个地方就行了。

柴郡猫便告诉爱丽丝，基于她的目标，"那无论走哪条路都行"。

如果爱丽丝也参与了转型的话，她就是最有可能遭遇"行动型"式失败的人。这样的对话通常会让人错误地认为"如果你不知道目的地是哪里，那么走哪条路都能到达"。事实上，这两种说法都对，都和我们的讨论有关。但和爱丽丝的情形不同的是，转型始于一个能看清变革紧迫性的战略视角、须解决单个或系列的问题，以及一个组织希望达成的"状态"。这一"状态"有各种可能性，它可以是提升市场份额、缩减上市周期、降低成本、缩减周期时间或提高客户满意度。高层领导必须明确说明从一个（当前）状态转变为另一个

（未来）状态的愿景，从而使领导和企业能够为进行企业转型整个过程而做好准备。

这一领导角色需要特定类型的领导者来扮演。这样的领袖必须能够跨越企业内外的各种边界看问题，必须能够看清由部分组成的整体，即把企业作为一个整体来看待，也必须有能力向企业中的其他人清晰说明这一整体视角。无论是交易型领导（专注于实施行动）还是变革型领导（擅长激励及指挥）都可以，他们都需要成为积极的企业领导。企业领导指的是跨越边界看问题、持有整体视角、能够清晰说明转型愿景的人。

所有希望进行转型的组织都必须建立一支由积极的企业领导组成的干部队伍。这一支干部队伍是未来取得成功的关键因素。同时，也需要建立内部机制，培养那些能感知企业环境中正在发生的变化、深知环境从不允许企业保持静止、能随时维持变革型企业视角的领导。

如果高层领导无法在转型开始时就清晰说明转型的情况，企业就会变成奇境中的爱丽丝。最终，企业会醒来并发现这些只是一个梦（也就是说，并没有成功地实施根本性变革），或者可能转型本身会导致如爱丽丝被“斩首”一样的噩运。

那么，转型的第一步是建立关于可能达成的状态的愿景。正因为高层领导相信需要通过根本不同的方式来变革企业，并相信这一改变可能实现，这才有了愿景。

诚然，这一战略愿景不一定全部都出现在最高层领导的脑海中，它可以来自不同的地方，也可以是所有高层领导人的愿景的综合。它可以体现高层领导在其他地方所目睹或在其他企业工作时所参与的东西，也可以来自高层领导在某处阅读到的内容，他的思维因此拓宽到组织中的各种可能性。这就像从烹饪书上并不能找到固定食谱为你快速烹制“战略愿景”这道大餐一样。

让领导层相信转型的紧迫性

要使领导层投身并持续参与转型，需要让他们相信行动的紧迫性。紧迫感通常来自由外部环境、利益相关者需求、企业创造和交付价值方式等方面的变化而带来的企业价值主张的潜在改变。

领导人如果认识到需要进行变革，那么他们就有责任采取行动。如果他们采取的行动只不过是声明“我们必须有所行动”的话，那么他们的努力便无法引导转型。领导层不一定总是马上就知道应采取什么行动，也没有时间对所有选择进行详尽的分析（在传统的战略和运营规划中一般都会进行详尽的分析）。但是他们必须充分分析变革的需求，确保企业的战略目标仍然有效，且所采取的行动与目标的实现是一致的。以这样的方式释放紧迫感，可以避免所谓的分析麻痹。

本质上，紧迫感伴随着实现真正战略愿景的真实需求，将在整个企业全体高管的成长中起到关键激励作用。自满是转型的敌人，因此转型领导者最重要的必备条件之一是建立起转型的紧迫感。很多公司在开始转型前就失败了，恰恰是因为他们无法建立起紧迫感。他们被自满所击败，所以成功的领导者都会千方百计建立这样的一种紧迫感。

约翰·科特（John P. Kotter）在其著作《紧迫感》中甚至表示，如果没有来自外部的危机，即商业语言中所谓的“燃烧平台”，组织和领袖便应该点燃自己的平台。科特甚至建议，组织应该采取一些能难倒极为自信的领导者的行动，比如允许发生经济损失，制造危机，从而把它相对竞争对手的弱点暴露出来。

在企业转型的大背景下，紧迫性和真正的战略愿景之间的联系尤为关键。肯尼迪总统在1961年5月25日向国会发表演讲时，敦促美国在20世纪60年代“致力于实现人类登月并安全返回地球的目标”。肯尼迪清晰地表述了这一愿景，并表达了实现这一目标的紧迫性。这不仅仅因为美国人在一个月前入侵古巴猪湾的行动失败后情绪低迷，而是作为这家名为“美国”的企业的首席执行官，他认识到它需要取得科技进步，为它带来相对其头号敌人苏联的竞争优势。然后他便着手将全国团结于这一愿景之下，让美国人相信他们应该并且能够实现这一愿景。

要能够激励他人，不一定非得有肯尼迪的魅力。我们可以对比肯尼迪和于2010年去世的加州大学洛杉矶分校传奇篮球教练约翰·伍登（John Wooden）的风格。伍登因谦逊的品格而著称，尽管他发表过很多演说，但却从来都不是因为演说而出名的。他曾经被描述为“像四月的雪一样安静，像西洋棋一样方正，着耐穿的鞋子，信仰詹姆斯·斯图尔特式的道德准则”。但其前队员在谈到他的激励手法时总是充满尊敬，不仅在篮球上，而且在生活上也是如此。詹姆斯将热情视为他成功哲学的基石之一，其他则包括通过传递热情而赢得合作、不惧失败、毫不傲慢地展示自信、忠于自己和组织等。伍登教会人们，成功不是靠获胜来定义的。名人堂成员比尔·沃顿（Bill Walton）和卡里姆·阿卜杜·贾巴尔（Kareem Abdul-Jabbar）在伍登去世之后动人地称颂他“改变了他们的人生”。

无论是像肯尼迪一样充满魅力，还是像伍登一样沉静，领导者在转型中必须传达出需要实现变革的紧迫感，这才是重点。如果你能为企业建立真正的愿景，说明某种真实的东西的紧迫性，那你就能使利益相关者参与到行动中来。随着短期目标的设定和实现，你让长期愿景在所有人心中占据首要位置，从而维持了这一紧迫感。

路线图战略循环的第一阶段中，你决定进行转型。接下来便着手将决定转化为行动。

企业需要企业思维

变革企业需要一个新的心理模式，它基于不变而又能灵活应变的原则，也基于对如何应用这些原则的了解。本书的企业转型基于的七大原则，是从汽车和航天行业的精益思维、从几十年间对精益原则及它应用于其他领域的考验、从随之而来的一系列不仅关注消除浪费还涵盖价值创造的企业原则演化而来。

精益是它的底层概念，因此这一词也出现在书名中。不过，传统上精益思想归属于广义企业的某个部门，通常是生产或运营部门。在我们看来，这样一个基于细分部门的视角是很多转型案例失败的主要因素。如第 2 章所述，它显然是导致“只关注‘我的后院’”式失败的主要原因。

企业转型意味着不能以细分部门的视角看问题。企业整体应成为转型行动的一部分。看待和衡量每一个具体的变革目标，都必须基于它对整个企业的意义和影响。

我们总是看到，在人们着手实现精益目标的时候组织却波澜不惊，这是因为行动没有得到领导层的支持，同时也因为他们只在各自部门内行动，没有把眼光投向边界之外。比如，某航天公司一段时间以来一直着力于将生产作业精益化，但是生产团队却无法得到工程部门或供应链管理团队的必要支持。然而，他们需要得到这一支持，才能通力协作将设计标准化（包括设计上和生产相关的考虑和减少元部件数量等）。生产部门自身能做到的很有限，因此企业在组织精益化的进程中停滞不前。

只有在对企业进行分析后，生产部门才能够向下一层次进发。他们采取的措施之一是重新指派一名高级工程师作为总装作业的负责人，另指定一名客户服务专员负责与供应商对接事宜。这三个职能部门协作起来，便能够大力改进准时交付度和客户满意度。正如我们在其他地方多次看到的，单一部门或许能够进行变革，但很少能在不跨越部门边界的情况下实行真正的转型式变革。

因此，培养企业领导干部的早期步骤是所有高层领导必须完全熟悉企业思维范式，这对成功转型非常关键。这意味着必须理解企业即将发生范式转移，而这种范式转移将根本改变企业行动、精益化、关注向利益相关者传递价值以及适应环境的方式。高层领导在培养团队的企业思维时，需要定时、频繁地进行会面。

企业需要培养企业思维，并摒弃旧的思维方式。这个培养和摒弃的过程通过体验和重复来实现，也就是不断尝试新事物。观察那些参与到企业转型的高层并和他们互动、阅读案例研究、协助领导人举办会议都是灌输企业思维的方式。赢得高管支持的过程能巩固企业学习和企业思维。转型领导者必须进行的首要任务就包括努力获取高管的支持。

整个高管团队都要参与转型

在通常情况下，高层领导团队中有一些人能够马上采纳企业转型的建议。他们会非常兴奋，怀抱信念并整装待发。有一些则不会那么兴奋，并且会抵抗大变革。这有可能是因为他们没有看到企业需要转型的需求，或者他们不想承担这项工作，又或者只是讨厌变革。其他的人会很费力才能理解他们在变革中需要扮演什么角色，而缺乏这一理解则会令人很不安。

但是，打造对企业现状及未来愿景的共同理解是不可或缺的关键步骤。上文中我们大致探讨了激励因子，但要让整个高层领导团队都参与转型，其基本要点有哪些？有时候无论通过什么样的内部讨论都无法赢得预期中的支持。人们需要看到不一样的操作方式，看到一些他们需要实际扮演的角色的范例。这便超越了标杆学习。可以考虑几个措施。

我们发现一个很有用的方法是去看看其他企业实现了什么。竞争对手不大可能对你发出邀请，但你可以带领高管团队去其他行业的成功转型企业参观。这一到访非常有助于赢取高管的支持。

另一个方法是让成功的变革者来到你的身边。几年前，一家正在进行转型的公司联系了一家大型设备生产商，后者当时是企业转型领域的领先者，有着非常精彩的经历。正当该公司领袖着手带领高管团队进行路线图第一环节时，来自转型领先公司的人员向他们讲述了自己的故事，用生动易懂的语言讲述了他们的行动，令团队惊叹不已。团队便开始讨论如何能够进行类似的行动。团队领导者还邀请了一位来自她前雇主的同事，这位同事讨论了一些在他的公司已起作用的措施，帮助她的团队看清了公司潜能。

你还可以通过参加会议的形式，让自己或团队与其他高管交流。寻找那些你听说正在进行转型的公司的人，了解他们正在做什么。

最后一个方法，引进懂行的局外人，这能帮助高管团队理解组织需要做什么并接受它。最近，一家本地公司的 CEO 邀请我们为公司高管讲述企业转型。他在想方设法鼓舞他们，我们的到访有助于为之后的工作打下基础。我们讲述了转型的概念，分享了我们的一些经验和观察，真实地为团队呈现了这一过程，也帮助这位 CEO 赢取了他推进工作所必需的支持。

设立转型执行委员会

企业在全面走上转型之路、开始路线图的规划循环前，应设立转型执行委员会来领导、监督、塑造转型。通常来说，这样一个委员会由构成企业的每个主要部门的高管组成。它在企业层面对所有转型行动进行管理。

比如，我们曾与一家跨国公司共事，它生产各种车辆的综合制导系统。它的转型委员会由工程部、运营部、财政部、人力资源部和战略部的副总们组成。直接领导尤为关键。转型委员会的主席通常由一名向公司负责人直接报告的高管担任，在这家跨国企业中则由持续改进部门的副总裁担任，他是 CEO 的直接下属。他的角色是确保各转型项目执行得当并与企业战略目标保持一致，使目标得以达成，他还负责打破障碍，并主管衡量进展的流程。

这一委员会有如下几个功能。首先，初始的若干项目由它批准，这些项目将转型愿景转化为实际行动（接下来的章节中有更多细节）。这一层面的单一决策机构是成功的重要因素。该委员会还以可见形式参与成果监控。该委员会提供成功所必需的各种资源，并合成一幅企业所处转型阶段的图景。该委员会还有另一个同样重要的功能，就是确保在企业整体范围内提供适当的教育和培训。这能确保各项目团队有能力顺利开展工作，也确保公司所有人应用相同的一套转型词汇。

该委员会同时提供了一个场合，让企业中各自负责具体事务的人在一起了解整个转型进程的总体态势。委员会应发挥并巩固引领作用。

另外，在将转型过程中学到的经验进行消化并在企业内部进行传播方面，该委员会将起到主要作用。在向企业内部灌输并渗透企业思维这一方面，最后这两个功能起着关键作用。总的来说，转型执行委员会引领、监督并塑造转型。

赢得利益相关者的支持

黛比在领导转型上的自身经历可以说明领导层的角色和作用。她当时接管了一家公司，这家公司刚刚进行了大规模的人员裁减，人数从 700 降到了 400。这些冲击只是公司遭受的变化之一，黛比认识到公司需要改变行动方式。

她设想了公司可以达成什么状态，然后开始说服她最主要的 10 名直接下属支持这一愿景。这 10 个人有些是经过裁减仍然得以留在公司的，有些是她从外部聘请的。这一群企业领导人理解需要进行变革，因此非常积极，开始将这一愿景提炼为可能性。他们描述了一个故事，以此说明企业在实现愿景时的情形。这个故事讲述的是公司的运营方式：内部运作机制，与供应商如何共事，接下来采用什么流程，需要提供什么信息，可以达成什么成果，等等。基于这些，领导团队又以面向全公司的讲座演示方式清晰讲述了这个故事，以赢得支持，推广转型，使转型不仅是自上而下又是自下而上的。

讲座演示也就是对愿景的清晰表述，它设立了一些延伸式目标，说明公司在一年、三年、五年后应该是什么情形。它解释了企业达成这些目标的主要战略推动力。在接下来的几周内领导团队向各组员工都进行了展示，黛比公司的整个领导层都参加了这些展示。它传达的信息很清晰：这就是我们的方向，我们需要你的帮助，说出你的想法。

随后，黛比的企业紧接着进行了路线图的战略循环，他们展开了具体的项目，分配了具体的任务。他们为改进项目设定了衡量方法，每周一次的回顾成了规范。每一周都由不同的项目小组向转型执行委员会报告该团队正在做什么、需要什么以及领导层可以提供什么协助。

所有项目都和企业愿景有关。通过这些会议和其他更大型的会议，转型行动赢得了公司越来越多利益相关者情感和理智上的支持，它的规模得以扩大。想法的实施为过程本身提供反馈，同时，所吸取的经验又反过来作用于组织。

领导层如何得知它已经成功把转型推向企业每个角落？黛比表示公司每个层面的人都会为她提供想法。有人会说“我知道我们刚刚失去了 40% 的员工，我们都忙得透不过气，但我极力推举这个主意”。随着这些想法在整体企业转型的背景下进行验证，同事们的想法也相互涵盖了各自的例行工作。

结果，企业的成绩远超延伸目标。在对供应商基础进行了梳理后，供应商数量减少了 40%，企业也和最重要的供应商签订了长期合约。生产周期大约缩减了 25%，及时交付率上升到接近 100%。另外，产品开发周期缩减了 20%，这主要归功于他们建立起来的产品综合团队，其中包含了工程部、生产部和主要供应商。质量数据也提升了。调查发现，这些成绩综合提升了客户满意度。这一切之所以实现，是因为领导团队清晰表述了愿景，获得了领导层的支持，并将愿景“大众化”。

从黛比公司的经验得到的主要信息是，如果不是所有人都理解企业转型的意义，那么追求转型也是没用的。行动会循环往复，停滞不前。但如果在进行规划循环前领导层已经达到相关要求的话，接下来的成果便会比预期的都更好。前面这一案例就达到了这一成果：短期间取得非凡成果，员工的表现超越想象，和供应商、客户及合作伙伴的关系大大提升而且更具价值。

如果你作为高层领导，却没有决心开启这一进程，那么再继续阅读本书只会浪费你的时间。Steelcase 公司 CEO 吉姆·哈克特（Jim Hackett）就展示了这一决心。

哈克特领导 Steelcase 公司进行了重要转型。他于 1994 年加入 Steelcase 公司，当时它还是一家家族企业。1998 年他监督进行了首次公开幕股（IPO）。对任何大型企业来讲，从家族企业过渡为上市公司都是一件大事，作为并非来自该创始家族却一路晋升为高层的领导人，他可以说是面临着可怕的挑战。哈克特成功实现了过渡，并展现了能力和韧性。Steelcase 公司从 21 世纪初期一家主产办公家具的“工作效力”型公司，转变为 2010 年“创造伟大体验”的公司。自始至终，哈克特都使 Steelcase 公司忠于其价值。

哈克特展现出了多大的韧性？在他加入 Steelcase 公司 10 年之后，他的一项决策使公司账面价值损失了 4 000 万美元，他的团队也失去了年终奖。Steelcase 公司发现它的某些隔间墙板产品可能达不到落地墙体高级防火标准。哈克特驳回了那些试图忽视这一问题的经理的意见，甚至还拒绝了那些告知他们无须担心的客户的意见。他否决了经理们提出对这一问题进行掩饰的各种理由，为 Steelcase 公司建立了一套合理规范的标准。他坚持称，如果要实现这一套标准的意义，便应该召回已经卖出去的板材，换上那些符合更严格的防火标准的产品。这也给公司造成了巨大的财政损失。

作为 Steelcase 公司的领导者，在一片强烈的反对声中，哈克特坚韧而毫不动摇地做出 Steelcase 公司该做的事情。在“9 · 11”恐怖袭击后，国防部对五角大楼建筑材料进行了审查，证明了这么做是正确的。Steelcase 公司的阻燃板材在火灾发生后阻止了大火的蔓延，否则将会造成更严重的后果。

最成功的企业都有着像哈克特那样坚韧的领导者。如果没有勇敢、坚决和坚毅的领导者来实行转型，那么追求转型也没有意义，当然这里的前提是企业视成功为最终目标。

达·芬奇曾经说过：

我一直有感于付诸行动的紧迫性。仅仅知道还不够，必须应用；只是有意愿也不够，必须行动。

有了坚定的领导，我们便开始讲解规划循环，探讨那些可用来评估企业现状的透镜。第一个透镜是利益相关者分析。

本章要点

BEYOND THE LEAN REVOLUTION

◇ 尽管企业转型既是自下而上又是自上而下的过程，但它绝对需要通过企业高层领导及其战略愿景进行推动。

◇ 企业转型要想成功，需要高层领导团队建立起共同的紧迫感，并在全公司内进行沟通。

◇ 企业转型需要一种新的心理模式，它基于价值创造的整体思维，而非基于单个部门的传统观点。

04

BEYOND

Lean Revolution

利益相关者透镜

己欲立而立人，

己欲达而达人。

——孔子

中国著名的大思想家、大教育家

大多数商学院的课程都很关注利益相关者，所谓的品质运动也将客户放到首位。以利益相关者为中心是企业思维的根本信条，但绝不是意味着以某个利益相关者群体为先。实际上所有企业都需要满足多个利益相关者的需求。

利益相关者是什么人？你可能略知一二，在过去 1/4 个世纪以来，“利益相关者”一词一直存在于常见的管理学语言中。它最早的一个定义来自爱德华·弗里曼（R. Edward Freeman）。

> 利益相关者模式讲述的是那些对组织能施加影响的个人和群体，以及面向这些个人与群体的管理行为。

弗里曼同时强调，公司在制定战略的时候需要考虑利益相关者的需求和期望，而且这一考虑必须是积极的。这一总体概念引发了关于利益相关者究竟是谁、在企业的成功中扮演什么角色的激烈讨论。这些问题的答案是利益相关者分析的一个中心元素。

从企业的角度来说，“利益相关者”这一概念的意义更为重大。在我们看来，企业实际上是利益相关者基于价值流构成的网络，而价值在企业和利益相关者之间流动，企业则是自身网络中的一个节点。在这个价值交换网络中，企业必须满足这些利益相关者群体的最低需求，也就是说，企业必须提供足以使这些群体参与该网络的价值。其中暗含这样一个假设：利益相关者关系是动态的关系，它不断演变并且和企业整体价值主张紧密连接。利益相关者分析流程是建立该连接的渠道，是塑造并推动企业转型的关键。

本质上，利益相关者分析是使企业与利益相关者相匹配的过程。这一分析不仅使企业价值主张中连接中断和不匹配的部分暴露出来，也为企业反思其价值主张正确与否提供了一个机会。为企业价值与利益相关者之间寻求有效匹配，这一概念适用于所有类型的组织，包括营利性公司、非营利性组织或政府机构。

图 4-1 显示，我们的利益相关者分析通过四个线性步骤展开：识别利益相关者、分清利益相关者群体的主次、推导利益相关者价值以及分析价值交换。这一过程由企业的高层领导团队推动，从而挖掘了他们理应拥有的关于利益相关者的深层认识，同时建立起关于企业利益相关者网络的共同心理模式。

图 4-1　利益相关者分析过程

第一步是确定利益相关者群体，以及这些群体中的关键利益相关者个体。由于目标是收集信息以分析企业现状及企业针对利益相关者的价值主张，因此识别出的利益相关者群体最后可能过多。于是，企业需要明确地区分利益相关者主次（大部分企业在这一方面都很含糊），这样一来可将样本缩减为可控规模。明确地分清主次，能提高透明度，提升决策水平。

当企业确定了一组可控规模的、代表企业现状的利益相关者之后，这些利益相关者和企业之间的价值交换便得以识别和评估。价值交换指的是利益相关者和企业之间双向的传递价值。从利益相关者收集的信息显示了他们期望从企业得到的价值，这也是对企业传递这一价值的绩效评估。再者，收集到的信息也明确显示了，利益相关者认为自身向企业传递了怎样的价值。

利益相关者向企业传递价值的绩效评估，通常通过多数企业已经建立的正式渠道进行信息整合。通过结构化的方式识别利益相关者并区分其主次，以及收集必需信息后，领导团队接下来可以以整体式的方式评估价值交换。有关利益相关者价值交换的必需转型行动便能以信息而非观点为基准。进行结构化的利益相关者分析确保企业能够识别出其价值主张中的断层，从而重构价值交换，确保价值传递的可持续性。

让我们更仔细地来看待利益相关者分析。

利益相关者识别

识别企业利益相关者的过程始于高层领导团队。这一过程的目的是回答以这个问题：谁对企业很重要？这一过程的任务是生成和企业相关的利益相关者群体一级的名单，清晰地说明这些群体中谁是必不可少的（可以是个人或组织，某些情况下甚至是整个市场），以此建立共同的心理模式。在和一些高层领导团队共事的过程中，我们发现专家的协助有助于团队专注于眼前的任务，并能够客观地鼓励他们进行讨论。不管高层领导在这过程中是得到协助还是独立完成，他们的行动应当生成一个简化的“利益相关者地图”，描述高层领导团队识别出的顶层利益相关者。这一顶层分组提供了一个大致的取样区域，从他们身上为接下来的分析收集价值数据。图 4-2 的地图是简化的，不同利益相关者群体在角色和关系上的不同点将随着本章内容的深入而更为清晰。

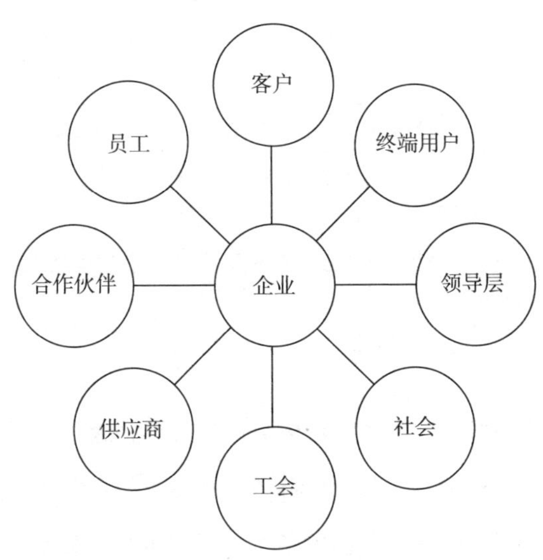

图 4-2 利益相关者地图

表 4-1 定义了图 4-2 中的一般利益相关者群体（还增加了一个分组）。总体上，表 4-1 中的各群体在各企业中都很有代表性，但不一定所有群体都和你的企业相关。

表 4-1 一般的利益相关者群体

利益相关者群体	定义
客户	客户指定要求，并为交付的服务和产品支付金钱
终端用户	终端用户基于对交付的产品和服务的实际实用或消耗指定要求。他们不一定是客户。比如，航空公司作为客户，乘客便是终端用户
领导层	企业内外的领导层提供战略方向，分配资源为企业所用。在某些情况下，领导层可能包含其他的企业部门
社会	社会包含企业所在地以及企业开展（经营）业务的当地社区。通常这包括各层政府代表（税务机构或环境合规机构）
工会	工会指的是员工为共同目标联合起来而组成的正式组织，这些目标包括提高工资水平，提升工作条件等。在没有正式工会的机构中，这一利益相关者群体应包含员工联合会和其他非正式员工群体

续前表

利益相关者群体	定义
供应商	供应商基于企业指定的要求交付产品和服务，以换取金钱
合作伙伴	合作伙伴是与企业建立起密切联系的供应商，他们的关系包括风险与报酬分享，长期互动和互相依赖
员工	员工是所有为企业工作的人，不管是直接雇用还是现场合同工。这一组包括了由工会代表的员工
股东	股东为企业提供资本，以期得到投资回报

对任何企业来说，利益相关者群体可以进行合并或延伸。西拉俱乐部可以将终端用户、客户和社会合并为一个群体。互惠贸易合作社 Equal Exchange 从事将农民合作社的咖啡和其他产品分销至发展中国家的业务，它可以将员工和股东合并到一个利益相关者群组，因为它的所有者正是它的工人。像 Aerovac Systems 公司这样向先进复合材料行业供应真空袋装系统的二级或三级供应商，可能觉得终端用户这一利益相关者群体与它无关。

InfraProv 公司是一家全球化信息技术基础设施供应商，它通过利益相关者透镜识别的利益相关者说明了这些群体有多广。InfraProv 公司将它的利益相关者分成 7 个组。

◎ 客户，这在 InfraProv 公司服务的多个行业中都存在。

◎ 终端用户是应用 InfraProv 公司技术支持的网站的使用者（InfraProv 公司相信将来某一天这一利益相关者群体会包括其他利益相关者群体的所有人）。

◎ 领导层由 InfraProv 公司自身的高管团队构成。

◎ 员工指那些为 InfraProv 公司工作的人。

◎ 合作伙伴这一利益相关者群体说明合作伙伴关系是 InfraProv 公司利益相关者群落中的重要一环，企业和不同公司结成合作伙伴，以建立标准，开发创新型技术。

◎ InfraProv 公司作为服务公司，供应商也作为它的一个利益相关者群体，包含提供硬件以及人力的供应商。

◎ 最后，InfraProv 公司认为社会也是一个利益相关者群体，并通过普遍化或针对性的方式与这一群体进行互动，如设立奖学金基金会和向具有社会使命感的客户提供免费服务等。

请注意，基于进行利益相关者识别的团队的规模，以及被分析企业的规模和复杂度，识别出的利益相关者数量须精简至可控数目。

区分利益相关者主次

虽然利益相关者对企业很重要，但企业必须清楚，它并没有义务均等地向利益相关者传递价值。以金宝汤公司（Campbell Soup Company）为例，它在2001 年开启了转型。当时它的目标是振兴公司——公司虽久占市场领先地位，但正面临着核心产品组（汤类产品）滞销难题。在这一案例中，振兴指的是对营销、创新、基础设施和竞争力薪酬结构等方面长期投入资金。在短期，股东这一关键利益相关者群体，发现自己在金宝汤公司的主次清单中位置靠后。2002 年每股收益减少了 20%，年度分红下降了 63%（这使金宝汤公司和同行业公司的收益相等）。

几年之后，金宝汤公司的转型战略，从专注于振兴美国汤品市场以及寻找新的收益增长点，演变为关注品牌及客户，向推出具备更高满意度的产品过渡。这些转型行动始终关注组织赋能元素，在提高生产率的同时增强质量、活力和多样化。金宝汤公司现今的战略重点跨越了企业价值主张核心元素的范畴，还涵盖了可持续性和企业社会责任。

这一行动为所有利益相关者都带来了好结果，股东再次实现了可观的财务收益。在 2008 财年，销售额从上一年的 73.88 亿美元上升到 79.88 亿美元，调整后的每股净收益提高了 7%。2008 年公司向股东返回的价值 3 年平均数为 7.7%，而同行业公司只有 6.1%。金宝汤公司成功构建了价值主张，既受到利益相关者的认可又能向他们实际交付价值。

像金宝汤公司这样进行转型的公司可以通过以下两种方式中的任一种来区分利益相关者主次：利益相关者显著性或利益相关者关系。

利益相关者显著性

把利益相关者作为企业思维的核心带来了这样一个问题：高层领导很难针对不同利益相关者进行确切的权衡取舍。利益相关者显著性这一概念，指的是企业为不同的利益相关者需求分配优先度。这一概念的创建者主张每个利益相关者都拥有一到三个与企业相关联的主要特征。

◎ 权利：当利益相关者可以通过某种强制性、单方面或象征性的方式向他与企业的关系施加意志时，他在这一关系中便获得权利。

◎ 合法性：它被定义为“认定该实体行为在社会构建的某一规范、价值、信念和概念系统中为可取的、恰当的普遍化洞察或假设”，合法性可在权利缺失的情况下存在。它和权利共同构建了权威。

◎ 紧迫性：当这一关系或利益具有时效性或对利益相关者的战略和运营意义重大时，便产生了紧迫性。把这一点涵盖在内，是使利益相关者分析具备其特有动态的关键属性。

最终利益相关者拥有以上三个特征，预期利益相关者拥有任意两个特征，而潜在利益相关者拥有一个特征。在区分主次时，所有显著的利益相关者都要考虑在内，毕竟他们都会积极或消极地影响企业转型。最终和预期利益相关者很关键，但潜在利益相关者也不应忽视。表 4-2 说明了每个利益相关者类型的特征。

尽管通过量化估算显著度来对比各利益相关者个体或群体还存在局限（尤其是在高层领导团队中取得对权利、合法性和紧迫性的共识时），但可以通过可视化地图来帮助你。图 4-3 是对无人飞行系统（UAS）试验认证机构的利益相关者显著性的高层认识。该企业被定义为认证机构，希望取得系统认证的申请方必须和美国联邦航空管理局（FAA）的各要素协作，以确定开发的系统是否能得到认证。

◎ 最终利益相关者：他们的价值必须得到满足，包括开发产品进行认证的申请方、负责评估该 UAS 飞行性能的 FAA 工程部和制定政策指导 UAS 在全美领空内的应用的 UAS 项目办公室。

◎ 预期利益相关者：他们的价值必须得到满足，这指的是 FAA 内部所有群体，从安全办公室到生产与标准部门，这影响了 UAS 是否能得到认证。

◎ 潜在利益相关者：他们的价值可能得到满足，这指的是该申请方的利益相关者（包括员工和利益相关者），该系统的潜在用户以及航空飞行员协会。

表 4-2　　基于显著性的利益相关者类型

利益相关者类型	利益相关者类型	权利	合法性	紧迫性
最终	最终性的	×	×	×
	主导性的	×	×	
预期	依赖性的		×	×
	危险性的	×		×
	潜伏性的	×		
潜在	无限制的		×	
	高要求的			×
非利益相关者	非利益相关者			

表 4-2 中，第一栏的利益相关者类型基于格罗西（Grossi）提出的分类法，而第二栏的利益相关者类型基于米切尔（Mitchell）、阿格尔（Agle）和伍德（Wood）提出的分类法。后者提出的术语为格罗西分类法中更广泛的术语所涵盖。

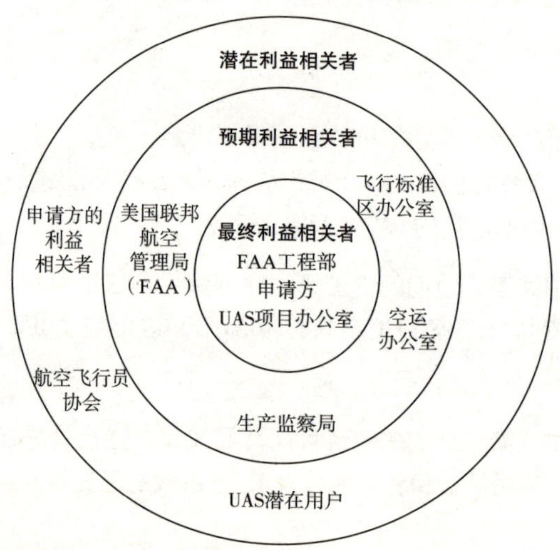

图 4-3　利益相关者显著性分布图形式呈现的例子

利益相关者关系

为了呈现利益相关者和企业之间的关系，水滴模型应运而生。这一模型基于利益相关者忠诚度阶梯的概念，组织与利益相关者之间建立的关系基于该阶梯展开，从潜在型利益相关者上升到倡导型利益相关者。也就是说，它的目的是把一种相对抗的、需要持续监测和管理的利益相关者关系，演化为协作型的、对企业和利益相关者为双赢的关系。在水滴模型中，企业是所有利益相关者行为的集中点。通过这一模型，高层领导团队可以将多种多样的利益相关者关系可视化，其中包括（但不限于）高度协作性的关系、具有一定协作性的关系和只限于正式业务的关系。

在该可视化模型中，每个利益相关者都显示为椭圆形。两个或多个利益相关者之间的联系通过几种不同的方式呈现。重叠的椭圆意味着这是高度协作的关系，信任度和合作度较高。被所谓的“水柱”连接起来的利益相关者间存在某种合作和协作，水柱的长度表示这一关系的正式程度。事务性的关系通过简化的箭头来表示，箭头方向说明了价值流动为单向或双向。

水滴模型是当下企业与利益相关者之间的关系的一次性呈现，它是区分主次的有力工具。在识别利益相关者在何处与企业连接中断，以及在建立延伸企业模型上，它也是有力工具。接下来几个章节将讨论水滴模型。

思考一下细胞培养公司（Cell Culture Unit，简称 CCU 公司），它是 PSI 公司的主要项目之一，PSI 公司于 2007 年被 Aurora Flight Sciences 公司收购。这一项目专注于开发最早一批可用于国际太空站生命科学长期试验的栖息地。这种栖息地为科学家确定生物体生命周期中重力的作用，以及了解细胞生物及其群落在几代间如何适应微重力提供了前所未有的机会。在 2003 年进行企业分析时，CCU 公司已经成功完成了初步设计审查，即将进入关键设计阶段。

CCU 公司的局部水滴模型（图 4-4）使高层领导团队有效地将关键利益相关者关系可视化。在该模型中，PSI 公司，作为该项目的主承包人构成了模型核心，其主要的内部利益相关者以不同的职能部门呈现出来。围绕着这一核心的是 CCU 公司所有的主要利益相关者群体。企业与美国航空航天局（NASA）和麻省理工学院组织工程实验室等主要合作伙伴保持着高度合作性的关系。如果缺失这些紧密关系，对 CCU 公司领导层来说则意味着出现了严重断层，因为航空研究需要进行大量沟通、协作和合作。

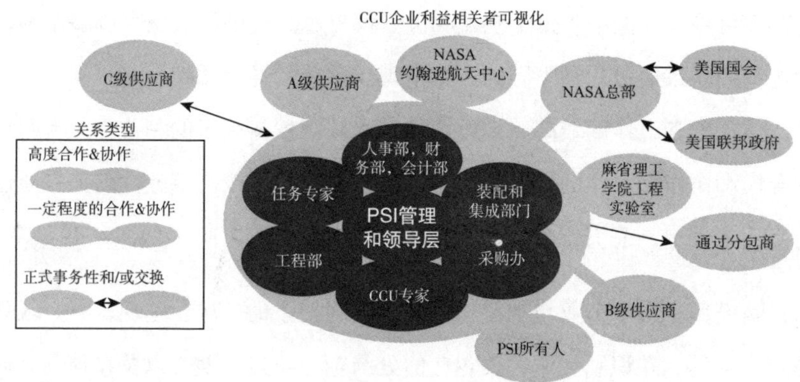

图 4-4　CCU 公司利益相关者关系的水滴模型

除了这些紧密关系外，CCU 公司与供应商之间还存在着三种关系：

◎ 与 A 级供应商之间的高度协作型的关系提供了它处无法供应的重要项目元素。

◎ 与 B 级供应商之间的次等协作性的关系提供了次等重要的元素，必要时可被取代。

◎ 与 C 级供应商之间的事务型关系提供了商品型元素。

对企业影响较不明显的是美国国会和联邦政府这样的利益相关者，因为这两者的影响是通过向 NASA 总部提供资金表现出来的，后者反过来又向 CCU 公司提供资金。但这并不意味着 CCU 公司领导团队没有认知到这些利益相关者。水滴模型使企业领导团队得以识别它和关键利益相关者的关系，并关注那些需要进一步分析的关系。

利益相关者价值推导

大多数企业都通过某种方式衡量利益相关者向企业传递价值的有效程度。但利益相关者价值推导却反其道而行，关注价值的反向流动。具体来说，这一过程衡量的是企业向利益相关者传递价值的成效，以及这一价值对利益相关者的重要程度。

再次说明，价值是利益相关者期望通过各自对企业的贡献而换取得到的具体价值、效用、利益或报酬。一旦识别出利益相关者并区分其主次后，便可推导出他们看重什么。表 4-3 是推导某个企业部件及原材料供应商价值的例子。供应商 TrueMetal 公司认定价值交换的元素在企业的战略层面与执行层面都存在。从战略角度来看，TrueMetal 公司相信，基于企业公正平等对待而建立起来的长期关系，它能够抢占市场，并回馈企业。该公司强调了需要提早准确地识别需求，以及进行联合预测和及时付款，这些都是它能够更有效地执行事务的关键。该公司觉得，这一价值将使它能够创造更高质量的产品并提升及时交付率。

表 4-3　　价值推导示例

期望从企业得到的价值	利益相关者	向企业贡献的价值
	群体名称：供应商	
➢ 公正平等的对待	TrueMetal 公司	➢ 产品（部件和原材料）
➢ 及时付款		➢ 设计输入
➢ 长期关系		➢ 创意与创新
➢ 联合预测		➢ 及时交付
➢ 提早准确地识别需求		➢ 高质量

TrueMetal 公司的故事对大多数企业来说并不新奇，不管它们是服务型还是传统制造型企业。价值推导这一步骤的重要性在于它使利益相关者现有的期望浮出水面。企业领导层在审查这些价值时，就能马上发现断层。比如，假设某员工强调企业缺乏有意义的非金钱奖励的措施，高层领导便能看到企业激励系统大部分并不起作用。

我们发现，利益相关者价值推导最好通过访谈的形式，与利益相关者沟通而进行。可以请利益相关者清晰表述，参与企业活动中他们看重的是什么，又期望通过参与换取什么。他们的答案有助于得出利益相关者和企业之间价值流动的第一道通路。再请利益相关者把相关价值的重要性进行排列，并评价企业在满足这些价值上的表现，这为下一步的价值交换评估提供了重要数据。然后再请利益相关者清晰表述他们认为自己向企业贡献了什么，这能有效评估企业对各利益相关者的期望的心理模型以及向他们传递的价值之间是否匹配。表 4-4 是我们发现的较为有效的访谈模板。

表 4-4　　价值评估访谈示例

利益相关者群体：供应商		
利益相关者名称：XYZ 公司		
引导利益相关者对话的问题	这一价值对利益相关者的重要性（1= 低，5= 高）	企业在传递这一价值上的表现如何（1= 低，5= 高）
该利益相关者看重什么？		
该利益相关者通过参与企业活动，期望得到什么？		
什么能使该利益相关者高度评价该企业？		
公正平等的对待	5	5
合理的投资回报	5	4
长期关系	5	2
及时付款	4	4
联合预测	4	1
提早准确地识别需求	3	1

利益相关者价值交换分析

每个利益相关者和企业之间的价值交换都可通过一个简单的矩阵来分析，

该矩阵描述了利益相关者价值及其重要性，还有企业当前传递这一价值的表现。来自价值推导和价值评估模板的信息可通过一个简单的 2 × 2 矩阵（见图 4-5）进行可视化，该图显示企业在传递某供应商着重的价值上出现偏差。可以看到，尽管该供应商觉得它得到了公正平等的对待，但并不满意企业在传递两个价值上的表现：建立长期关系和联合预测。

每一个利益相关者向企业传递的价值都可进行类似的价值评估。以 PsychHealth 公司为案例，这是一家医院，从属于一家为老兵及其家人提供心理健康服务的大型护理机构。通过利益相关者识别，15 个利益相关者群体被识别出来，范围涵盖从病患和医生到纳税人及政治家。这一交换矩阵关乎利益相关者和企业间价值交换的个体价值，需要通过某种方式进行集合，使得企业领导团队很容易便能理解企业和关键利益相关者的总体关系。这一集合可通过一个简单的 2 × 2 矩阵进行（见图 4-6）。

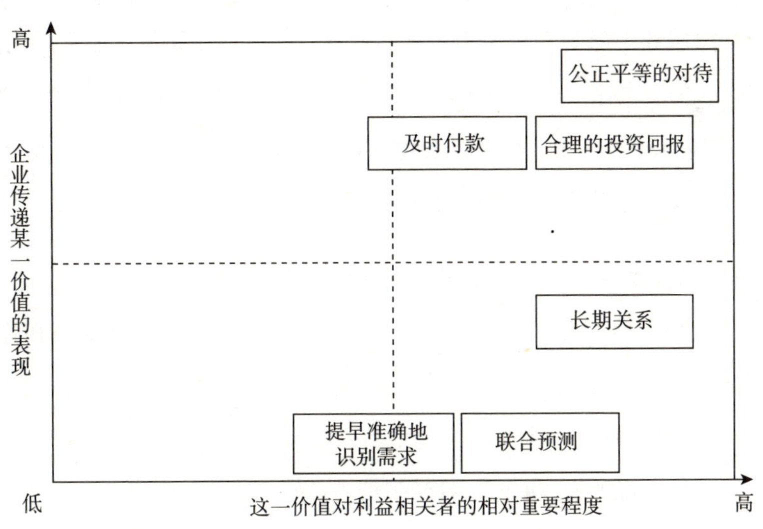

图 4-5 评估企业向利益相关者传递的价值

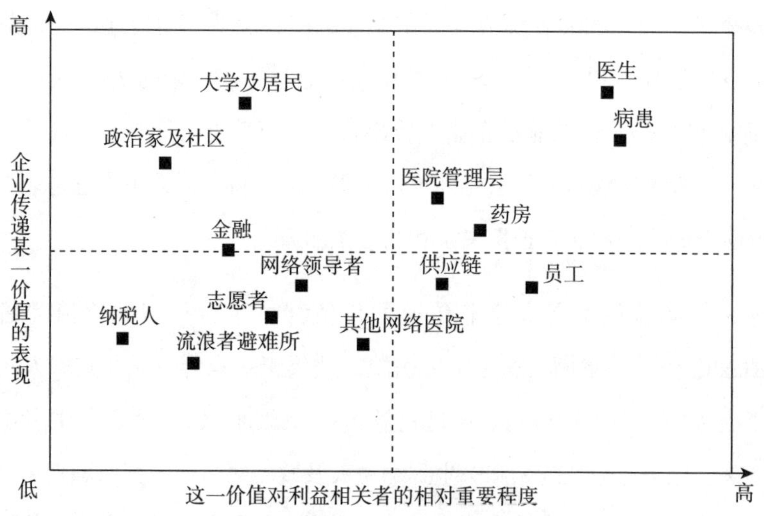

图 4-6 企业向关键利益相关者传递相关价值的现状

你可能会期待医院将病患、医生作为优先的利益相关者群体，但这一案例却多少令人惊讶，因为这里还包括了志愿者和流浪者避难所。通过突出志愿者在心理健康服务中起到的作用不大（尽管他们的行动在其他情形下是无价的，如临终病人关怀）这一点，企业的领导团队说明了为什么志愿者总值不高。同样，PsychHealth 公司并没有接收大量来自流浪者避难所的寻求心理健康服务的病患，也没有与当地的此类机构有合作关系。

为确定企业和关键利益相关者之间理想的价值交换，可以通过一个简单的表格评估该利益相关者对企业的重要性，以及企业向该利益相关者传递价值的预期表现。在 PsychHealth 公司和利益相关者之间理想的价值交换中（见表 4-5），员工不仅被列为极端重要，而且也接收到了充分的价值。大致浏览图 4-6 可以看到，尽管病患非常重要，且受到较为良好的对待，但它并不是从企业接收到最高价值的那一群组。员工被界定为对企业很重要，但实际接收的价值却相对较低。这些洞察促使 PsychHealth 公司去反思其理想价值交换，并制定了图 4-7 所示的矩阵。

表 4-5　重要性以及向关键利益相关者传递价值的理想评估

利益相关者	对 PsychHealth 公司的重要性（1= 低，5= 高）	PsychHealth 公司传递的价值（1= 低，5= 高）
病患	5	5
医生	5	5
员工	5	5
网络领导者	5	1
社区	3	3
药房	3	3
供应链	3	3
医院管理	3	3
大学及居民	3	3
金融	3	1
其他网络医院	3	1
纳税人	1	1
流浪者庇护所	1	1
志愿者	1	1
政治家	1	3

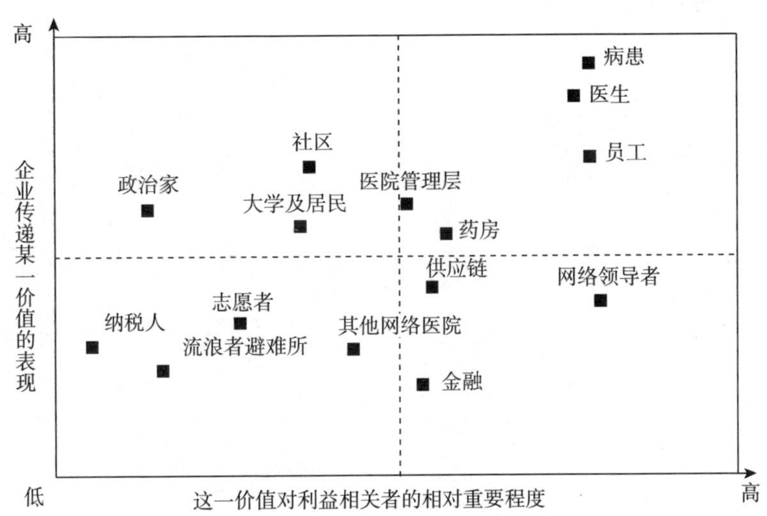

图 4-7　企业向关键利益相关者的预期价值传递

再次说明，利益相关者中心论是企业精益化转型的必要元素。尽管传统理论认为企业的首要职能是提升经济福利，或者作为仅服务企业所有者的自由选择的载体，但是在现今世界中，管理所有利益相关者是企业远期表现的基础。只关注股东的企业，不能在忽略利益相关者的同时还指望能够存活。

当然，不是所有利益相关者都是平等的，所以非常有必要区分利益相关者的优先度，否则将无法进行有效分析。直接向利益相关者了解他们看重什么以及他们认为企业表现如何，这一点是重中之重。尽管高层领导团队通常都很清楚企业从关键利益相关者身上获得的价值，但对方的看法不一定总是一致的。

通过以上所述的方式，企业足以满足不同利益相关者现阶段的最低要求，并且可持续调整其价值主张，满足他们未来的期望。

本章要点

BEYOND THE LEAN REVOLUTION

◇ 在任何成功的企业转型中利益相关者必须占据中心位置。

◇ 这样一个识别利益相关者、区分其优先度、推导价值传递并集体化看待价值交换的缜密流程，使得企业在它的转型之路上建立起一个重要的“锚点”。

◇ 建立利益相关者显著性和关系的可视化网络，使企业得以更好地理解价值交换的性质和动态。

◇ 价值交换分析必须考虑利益相关者到企业和企业到利益相关者的价值双向流动。

05

BEYOND

The Lean Revolution

流程结构透镜

如果你不能将你所做的提炼为流程，

那么你其实不知道自己在做什么。

——W. 爱德华兹·戴明

美国著名质量管理专家

HPE 公司是一家从事辅助动力系统、小型喷气发动机及环境控制系统的设计、生产及配套支持的公司。它从属于一家更大型的集团，这家集团拥有着约两万平方米的现代化厂房以及 650 多名员工，最近的年度收益超过 2.5 亿美元。尽管 HPE 公司很成功，但是却面临着一些短期挑战，其中包括需要处理现有产品组合既庞大又老化的问题，以及需要应对反复无常且节奏极快的环境。随着资源日趋减少，运营压力越来越大。

HPE 公司在应对这些挑战的早期措施中，创设了局部而零散的转型项目，但由于持续的“灭火”需求，这导致库存和管理成本过高。员工士气跌到谷底，疲惫感上升，创新急剧下降。

最近，HPE 公司的高层领导团队意识到除非能理解企业流程（即企业为利益相关者创造价值的流程），否则不可能成功转型。这包括要描绘出企业流程结构：所有企业流程的结构以及彼此之间的互联和互动。因此，为避免重蹈覆辙，HPE 公司进行了流程结构的分析，以更深刻地理解企业中价值创造的动态，并避开那些无法增值，甚至有损企业价值创造的转型项目。

为企业转型而进行的流程结构分析整合了各企业广泛应用的若干方法的思

想，其中包括价值链分析、业务流程重建、价值流分析以及业务流程建模。每一种方法都最适用于某特定的分析形式。我们取其所长避其所短，创建了一个更广泛、更稳健的流程结构分析法，使你得以发现机会，在企业为关键利益相关者创造并传递价值方面进行改革（在附录二中，我们将概括说明另外这几种方法，并讨论了它们的某些不足）。

这一流程结构分析法聚焦于战略视角下各流程之间的结构性互动。第一步是识别关键的企业流程以及其相应的投入与产出，然后可以依此建立可供分析的企业流程结构。关键的互动也得以识别和分析。这些互动是影响点，也就是说，如果面向利益相关者的价值流动受阻，可在此处修复。

图 5-1 概括了这一方法，下一章我们将进行详细阐述。

识别企业流程

企业流程指的是企业创造价值，并向一个或多个利益相关者传递价值的战略性、高层次、跨职能的活动。基于企业的规模和范围，同时再次引用附录二中提到的各个方法，这项活动可能通常称为：

◎ 价值链：一系列跨多个部门的活动，系列产品或服务通过该通道并沿途获取价值。

◎ 价值流：一个跨多个部门的端对端的流程，它向某客户或消费者交付特定产品或服务。

◎ 商业流程：一系列相联系、结构化的活动或任务的整体，这些活动和任务的产物是特定服务或产品。

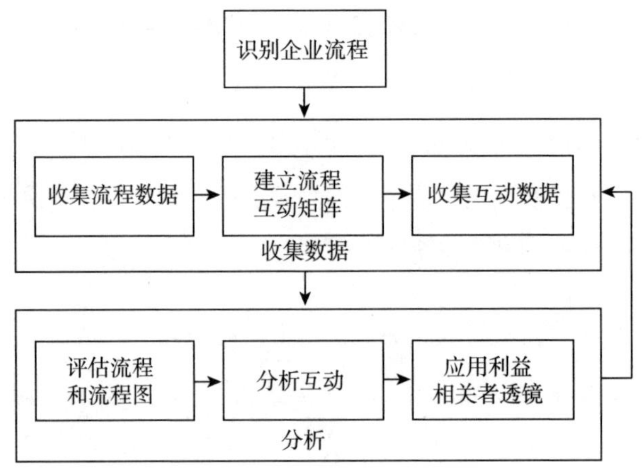

图 5-1　企业流程分析法

企业流程涵盖了各项活动、人以及组织结构之间的相依赖性。

企业的流程结构包含了一系列的流程，可分为三大类：领导流程，生命周期流程和赋能型基础设施流程。麻省理工学院的精益发展倡议进行了相关研究，区分了这三大类流程。

◎ **领导流程指出战略方向，发展同盟，并决定整个企业的资源部署。**最终，企业高管通过领导流程确定是否创建新的流程，或撤销已有的流程。

◎ **生命周期流程是企业的核心业务流程。**通过这些流程，企业为产品和服务在从设想阶段到淘汰阶段的全生命周期中增值。

◎ **赋能型基础设施流程为领导流程和生命周期流程提供必须的资源、信息和服务。**

图 5-2 举例说明了某产品型企业中的这一结构。服务型企业这三大类别中包含不同的流程。这一分类法是定义你的企业特有流程的第一步。

HPE 公司的高层领导团队以这三大类流程作为起点识别出企业流程。首先，领导流程主要有三项：规划战略、确保企业内和企业间的战略交流以及规划领导换届。经过进一步完善，团队扩大了这一类别的范围，包含了战略规划流程中识别出的子流程：关注总体商业战略的战略商业规划，关注整体供应商战略和合作伙伴关系的战略供应商规划，以及为支持增长目标而进行的并购。表 5-1 展示了 HPE 公司的五个领导流程。

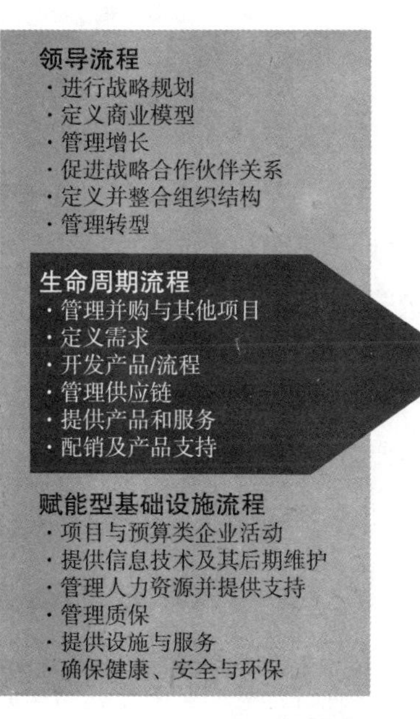

图 5-2　LAI 企业流程结构

表 5-1　HPE 公司领导流程

领导流程（初始清单）	领导流程（最终清单）
➢ 规划战略	➢ 战略性供应商规划
➢ 确保战略沟通	➢ 并购
➢ 规划领导层换届	➢ 战略商业规划
	➢ 确保战略沟通
	➢ 规划领导层换届

表 5-2　　　　HPE 公司赋能流程

赋能型基础设施流程
➢ 提供财政服务 ➢ 管理人力资源 ➢ 改进质量系统 ➢ 维护设施 ➢ 确保环境健康与安全

对 HPE 公司来讲，对生命周期流程的识别最后成为制定企业流程结构的主要成分。初始的识别产生了 5 个关键的企业生命周期流程：与客户对接，管理项目，设计部件 / 产品，生产部件 / 产品，以及识别、管理并发展供应商。但对于企业成功转型中必要的数据驱动决策来说，这些还不足以提供足够详细的信息支持。所以 HPE 公司团队改进了这一清单，并识别出这 5 个生命周期流程的 25 个子流程。

如果不能确定恰当的详略度，便不能成功地分析企业的流程结构。HPE 公司选择了较高的详略度，以确保能收集准确的数据，支持企业转型所需的分析。同时，它并不会过于详细，迷失于数据丛林中而失去企业关键洞察。HPE 公司本可以继续将生命周期流程细化到个别任务或活动，但高层领导团队认识到，建立一个足以使他们一致理解企业动态的流程结构的重要性。从这个角度看，识别某些子流程便没有什么价值，比如工程部的乔为提高 X 引擎轮叶的容许度，必须与负责检定 X 引擎所有涡轮部件的弗朗西斯对接。但是，这里的重点是得到既能为决策提供足够丰富的细节又不会造成过量分析的子集。

随着 HPE 公司团队一一识别出企业关键的生命周期流程，一个重大的机会开始显现出来。HPE 公司意识到企业的生命周期流程主要通过两种方式创造价值：开发新产品并提供售后服务。这两个步骤在不同的时间点发生，如子流程发生重叠，那么作为企业转型的一部分可以进行矫正。

收集企业流程数据

一旦识别出企业流程，便能收集它们的相关数据。我们使用的是类似表5-3的模板，它显示了HPE公司战略性供应商规划子流程的细节。这一模板收集数据涉及几个传统的流程分析问题。这一流程的负责人是谁？投入该流程的有什么，来自哪里？在该过程中采取了什么行动，它是如何执行的？该企业流程的产出是什么，流向哪里？这一模板使你得以更进一步，通过观察这些投入、产出和流程整体表现是如何衡量的，以及该过程中财政资源和人力资源是如何利用的，从而获取数据。

表5-3　HPE公司生命周期流程

生命周期流程（初始清单）	生命周期流程（最终清单）
与客户对接	推广新的OEM项目/产品
管理项目	开发业务案例
设计部件/产品	“通过/否决”型决策
生产部件/产品	售后订单处理
识别、管理并发展供应商	交付产品/部件
	安装产品
	管理OEM项目
	管理售后市场项目
	预测售后市场需求
	定义要求
	形成初步/概念化设计
	形成详细设计
	检测部件/产品
	评估售后部件可靠性
	检定部件/产品

续前表

生命周期流程（初始清单）	生命周期流程（最终清单）
	装配初步机组
	装配生产机组
	管理产品库存
	管理售后部件库存
	维修售后产品/部件
	形成项目采购
	与供应商交涉
	提供经修改的图纸和订单
	供应商生产部件
	供应商交付部件

企业流程： 企业战略规划			**流程负责人：** 约翰·夏贝尔（John Chapella）	
子流程（如有必要）： 战略供应商规划			**子流程负责人（如有必要）：** 戴夫·斯图尔特（Dave Stewart）	
来源 来自哪里	**投入** 什么	**流程** 描述	**产出** 什么	**重点** 流向哪里
OEM 客户 售后市场订单处理	请求方案 需求预测	识别未来的战略合作伙伴，并在整个产品开发生命周期中发展现有的合作伙伴	供应商排名 年度颁奖 筛选供应商列表 合格的供应商	供应商 形成项目采购 管理产品库存
度量指标 名字/表现	**请求方案** 要求清晰度/差 供应商内容/差 风险分担/好 **需求预测** 按合同分享/好 可选性分享/差	**总体表现** 一般	**供应商排名** 供应商排名/一般 **筛选供应商列表** 供应商在列表的排名/差 **合格的供应商**/好	**资源** 人数：5 成本：60 万美元 关键员工： 李嘉图·门西亚（Ricardo Mencia） 戴夫·斯图尔特

图 5-3　HPE 公司企业流程数据收集

关于投入和产出的数据以及与之相关的措施评估可用于分析企业流程结构。有了这些数据，便可以理解流程内部表现以及该流程对上下游的潜在影响，但是这些数据可能无法使我们理解整体互动的动态。比如，在战略性供应商规划流程中，OEM 客户请求方案的信息作为一个主要投入。但是，客户的要求不清晰（要求清晰度标准），而且对于供应商将制造什么部件并没有足够信息（要求供应商内容标准）。考虑到整体流程表现被评为“一般”，来自该流程数据收集模板的数据使我们得以进行分析，并识别出可能存在的流程改进机会。

关于投入和产出的数据强调了流程之间以及流程与利益相关者之间互动的特殊情况，但这些数据也无法提供全景。我们收集了关于这些互动的其他数据来解决这些缺陷。该流程数据收集模板中关于来源和终点的数据是构建互动矩阵的第一步，该矩阵如图 5-4 所示。该流程互动矩阵为理解关键流程之间，以及流程与关键利益相关者之间是否存在互动提供了一个简便的方式。对重要互动关系进行清晰识别，使你得以从更深层次看待这些互动关系。矩阵最上面一行识别了所有的关键利益相关者群组和企业流程，而第一栏识别出了所有的企业流程。除了收集到的流程特定性数据，互动矩阵为流程负责人和高层领导提供了一个识别其他可能遗漏的流程的机会。关于流入该互动关系的内容，该互动的性质以及质量属性等方面都收集了数据。

		利益相关者				企业流程		
		OEM客户	售后市场客户	供应商	…	…	售后市场订单处理	确定要求
企业流程	战略商业规划	×	×	×				
	战略供应商规划	×		×			×	×
	并购			×				
	…							

图 5-4　HPE 公司互动矩阵的局部

我们发现大部分互动都能有效地通过它的信息、材料和资源流动而进行勾画。考虑到企业以多种方式与同一组利益相关者进行互动，所以理解这些互动是否具有回应性、前瞻性或（某种情况下）两者兼备很重要。举个例子，HPE公司与立法者通过“确保战略沟通”流程进行互动，这属于两者都符合。它游说议会支持新的引擎项目，这展示了前瞻性，同时通过应对联邦航空管理局的新指令和规定，展示了较好的回应性。

任何互动关系中我们关注的关键属性有：

- ◎ 稳定性：该互动定期并且以为人所熟知的方式出现。
- ◎ 及时性：该互动在预期的时间出现。
- ◎ 准确性：该互动包含了恰当的信息、材料和 / 或资源。
- ◎ 完整性：并不需要其他的信息、材料和资源。

收集关于 OEM 客户和战略供应商规划流程之间的互动数据后，我们可以看到这些信息回应性地流向该流程，尽管该互动总体上进行得比较及时，但它并不稳定、准确和完整。重大的改进机会在该互动跨越企业边界时出现，可能流向一个具体流程或利益相关者群组。这些互动是整个流程分析的中心。

形成企业流程图

有了这些数据之后，建立企业流程图要做的就是将源头和终点连接起来。基于图 5-3 的数据，HPE 公司将战略供应商筛选流程与其他三个流程和两个利益相关者群组连接了起来。上游的连接包括 OEM 客户和售后市场订单处理流程，下游的连接包括供应商、“形成项目采购”流程以及“管理产品库存”流程。图 5-5 是获取互动信息的模板。

利益相关者互动：OEM客户—HPE
流程：战略供应商规划

流入该互动的是什么？

- [x] 信息
- [ ] 材料
- [ ] 资源

互动评估：
差

这一互动的性质

- [x] 回应性
- [ ] 前瞻性
- [ ] 两是皆有

	低	中	高
稳定性	☒	☐	☐
及时性	☐	☒	☐
准确性	☒	☐	☐
完整性	☒	☐	☐

讨论：战略供应商规划流程将来自OEM客户的请求信息作为关键投入。在建议要求书（RFP）中的信息内容既不稳定，也不准确及完整，无法支持规划。我们应用的RFP数据并不可靠。

图 5-5　HPE 公司的互动数据收集

企业流程图需要精简到足以为企业流程间最重要的联系提供洞察。通常来说，这意味着**不要**建立一个标明各流程两两相互联系的完全联通式的图。如果一个有 35 个流程的企业在图上显示出所有流程的投入与产出，那么这 595 个连接会使人几乎无法理解。

所以你如何确定最重要的连接？这时，获取流程层级的度量指标就起到作用了。在这里获取的度量指标说明了该流程负责人是如何度量投入、产出和总体的流程本身的。该负责人的度量指标基于他的看法，可能和他人的看法不一致。比如，该流程负责人可能觉得该流程向供应商及时提供了信息，并且是高质量的信息，但供应商可能将设计方面的信息评为低质量的。在下一章中，我们将探讨创建有利于企业转型的系统化绩效衡量法。在这里，能理解这方面的

“断层”就足够了，因为这是一个需要进一步探讨的领域。

当你收集信息用于企业流程结构分析时，你的目标是找到这些流程的投入和产出。每一笔投入必须对应产出进行标志，反之亦然。如果哪个产出或投入“悬空”（也就是无法连接起来），它便提供了值得去了解的信息。你需要回去寻找该连接，给出它缺乏连接的合理解释，或者发现这一连接可能存在于企业外部。此时转型团队掌握的知识派上了用场。进行标示可公开这一知识。

在 HPE 公司的案例中，标示这些流程能识别出那些被遗漏的连接，尽管收集数据需要一丝不苟。在高层领导讨论这些数据的时候，会有更多连接浮出水面。在企业流程结构分析的这一部分，HPE 公司发现了之前提到的流程重叠之处。

分析企业流程图

流程结构分析的第一步是评估单个流程的表现。你在收集数据时收集了流程层级关于投入、产出和整体流程本身的度量指标，发现流程表现不佳之后便进行进一步调查。当你在其他企业流程的大背景之下看待该流程表现时，便很容易找出任何系统性的挑战和瓶颈。

举个例子，HPE 公司产品和部件测试流程的表现被评为较差，但产品和部件检定流程的表现被视为较满意。高层领导团队在讨论中注意到 OEM 产品和售后市场部件的测试流程是一样的，但检定流程却不一样。测试流程表现不佳是因为 OEM 产品测试和售后市场部件测试之间的激烈竞争。工程部负责测试流程，也负责通过标准流程为所有测试活动排时间表。但是，在来自负责各自产品线的两位副总的压力下，工程部被迫进行非标准化操作。在讨论和进一步分析中，HPE 公司管理层得以发现 OEM 产品被迫应用非标准流程进行测试，因为这和产品检定活动不一致。这一问题的解决对 HPE 公司的转型很关键。

当你把企业流程结构作为整体进行分析时，本质上你在提出三个问题：

◎ 该企业流程结构是否旨在达成企业的战略目标？

◎ 相关联的企业流程是否正向连接，也就是说，企业某一流程效力提升是否促使其相关联企业流程的效力提升？

◎ 整体的企业流程结构是否旨在将利益相关者价值创造和传递最优化？

如果第一个问题的答案为否定的，那么显然企业需要有所行动了。流程连接中断是转型计划中需要解决的问题，而这些流程能支撑企业的总体战略目标。在 HPE 公司中，提高环境健康与安全（EHS）是一个关键战略目标。当高层领导浏览企业流程地图时，只看到了单个 EHS 流程。经过进一步调查，却发现监测 EHS 表现的两个度量指标都很正常，而且 EHS 相关的流程和战略目标显示一致。所以没有必要更详细地标示出那些流程。

对于第二个问题，如果两个相关联的企业流程不是正向连接的话，便是企业转型可以改进的机会所在。在 HPE 公司，很显然在服务 OEM 客户需求和售后市场客户需求方面有很多重叠之处。这些流程并不是正向连接的，企业通过为 OEM 客户构建新产品所学到的并没有转移到对售后市场客户的维护支持上，反之亦然。在 HPE 公司的转型计划中，通过构建项目协调这两个流程，并通过某种方式促进信息分享或许可以起到作用。

至于第三个问题，理想的企业流程结构在满足关键的企业利益相关者需求上达到了最优化。这是规划企业远景的重要起点，下文将评估企业中的一致化程度，进行更详细的讨论。

分析企业流程互动

企业流程之中以及之间的互动对企业的成功很关键。今天企业的运营面临大幅缩减的时间、空间和缓冲库存，这使得企业流程比以往更加紧密，从而加重了变革的相关难题。因此，尽管各流程辅助企业的运营，但是它们之间的紧密互动也使得人们无法在局部成功实施新的概念。

然而分析这些互动却极端复杂。领导者需要一个能涵盖并协调企业所有流程间互动的方法。在和利益相关者进行价值交换上更是如此。每个企业流程都必须促进和一个或多个利益相关者的价值交换。通过浏览不同的利益相关者群组，以及识别他们和经确认的企业流程间的互动，可以从互动矩阵中识别出最关键的互动。在数据收集这一步，我们强调了矩阵最终流程中所有人的重要性。在分析阶段，高层领导团队必须集体评估，是否有哪个利益相关者的相关互动被遗漏或者被错误标记。

图 5-6 显示了 HPE 公司企业流程图的局部。它使得高层领导团队得以看清 HPE 公司内部企业流程之间的互动以及利益相关者之间的互动。比如，初始的互动矩阵显示，战略供应商规划流程和 OEM 客户以及供应商之间存在互动，但流程图显示售后市场客户通过售后市场订单流程和该流程互动，从而突出了需要进一步研究的领域。

不是所有的企业流程都存在于企业内部的。比如，每个客户都有自己的请求方案流程。尽管这一流程不是企业可控制的，但仍需要把它描绘出来，方便理解它对企业其他部分的影响。对 HPE 公司来说，和供应商的流程互动尤为关键。一位高层领导告诉我们：

“从对企业未来的重要性以及识别风险和机会的角度来说，这可能是我们最重要的两三个流程互动。我们最终必须应对因‘9·11’事件而永远改变的航天市场的需求波动和不可预知性。在客户要求改变交付日期、数量或质量的时候，我们必须基于当前完全依赖的供应基地缩减交付周期，并把质量和能力水平提高一个数量级。”

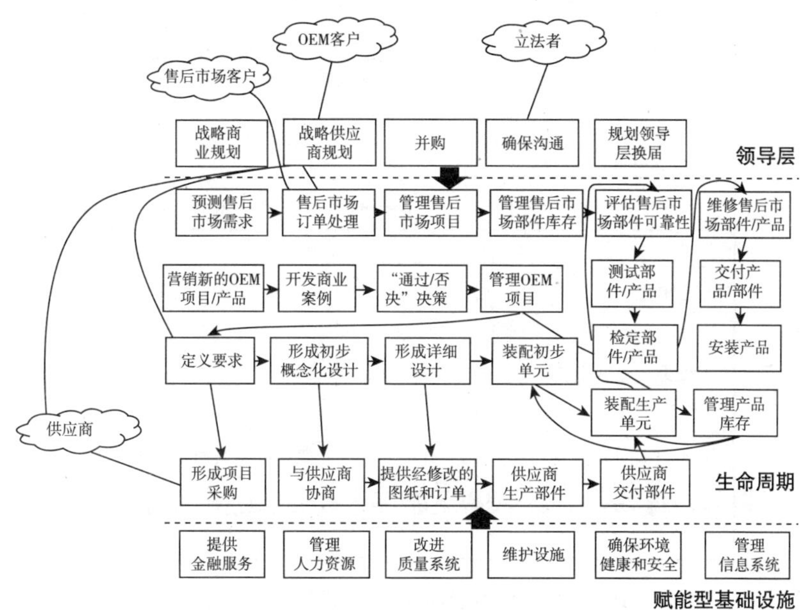

图 5-6　HPE 公司企业流程图局部

HPE 公司已经知道了它在和供应商的流程互动上存在问题，但只有进行企业流程结构分析，HPE 公司才能够找到解决方案。在流程互动分析的讨论环节中，工程部副总指出 HPE 公司的一个主要问题是生产部从来不能按时交付产品。生产部副总反驳称，供应商从来不能按时供应他的部门按期完工所需的材料，而且工程部团队总是无法提供生产所需的图纸和检定。这一互动分析突出了一点：问题不仅仅在供应商身上，而是 HPE 公司内部的问题——这只有通过结构化的企业流程分析才会显现出来。

图 5-7 和 5-8 展示了 HPE 公司应用该模板的两个例子。

利益相关者互动：HPE—供应商

流程：给出初步设计和概念化设计——项目采购

流入该互动的是什么？

- [x] 信息
- [ ] 材料
- [ ] 资源

表现：
差

跨边界互动

是 [ ]　　否 [x]

这一互动的性质

[ ] 回应性　[ ] 前瞻性　[x] 两者皆有

	低	中	高
稳定性	☒	☐	☐
及时性	☒	☐	☐
准确度	☒	☐	☐
完整性	☒	☐	☐

讨论：理想情况下我们会在概念化设计这一阶段让供应商参与进来，但我们的互动表现较差，因为我们没有分享概念设计信息的有效途径：和某些供应商进行得较为成功，但不能把这些做法复制到其他项目上。

图 5-7　HPE 公司和供应商在概念化设计这一流程中的互动

尽管收集到的信息可能看起来详略度很高，但是从互动分析中得到的洞察才是推动了大量的转型项目的力量。通过分析企业流程，可得到关于企业现状的宝贵信息，为企业转型打下基础。因为你同时也需要知道这些流程的表现如何，所以路线图的另一个关键部分就是系统化地衡量企业的表现。这就是第 6 章的主题。

利益相关者互动：工程部—生产部

流程：装配初始单元——装配生产单元

流入该互动的是什么？

- [x] 信息
- [x] 材料
- [ ] 资源

表现：
一般

跨边界互动

是 ☐　　**否** ☒

这一互动的性质

☐ 回应性　☒ 前瞻性　☐ 两者皆有

	低	中	高
稳定性	☐	☒	☐
及时性	☐	☒	☐
准确度	☒	☐	☐
完整性	☒	☐	☐

讨论：在进行成熟的项目时，工程流程与生产流程之间的互动较为稳定和及时，但是，如果它涉及到供应商元件，我们仍然需要努力提高准确度和完整度。

图 5-8　HPE 公司工程流程和生产流程之间的互动

本章要点

BEYOND THE LEAN REVOLUTION

◇ 企业流程——领导流程、生命周期流程和赋能型基础设施流程，都是企业创造价值的首要渠道。

◇ 识别并描绘出企业流程，制作包含所有这些内容的企业流程图使你得以发现企业内部的价值创造机制

◇ 大多数的转型挑战（和机会）都可以在与企业流程结构的对接处和互动处找到。

06

BEYOND
The Lean Revolution

绩效衡量透镜

为一寸业绩值得许下一百种承诺。

——威廉·迪恩·豪威尔斯
美国现实主义文学奠基人，小说家

每个工作日的早上，Valero 公司的首席运营官都会与加拿大和美国各地的十几个大型炼厂的厂长开会。该公司在位于美国得克萨斯州圣安东尼奥市的总部运营中心的墙上有一组巨大的屏幕，实时显示着 Valero 公司炼厂仪表板，也就是一系列可通过网络访问的仪表和图表，上面显示的是每个工厂和单元按计划运转的情况。随着数据每五分钟更新一次，高管们也从仪表板及时获取信息，以便采取矫正行动。

想象一下如果我们能够实时地衡量企业战略层面的绩效的情形。

要管理企业绩效，必须有能力衡量绩效。每个企业都希望进行绩效衡量，通常都带有明确的目的，就是发掘有助于提升总体效用和效率的东西。但在我们的经验中，却极少有人能够成功将衡量结果转化为行动，就像 Valero 公司一样。为什么？原因不在于这一行动本身，而在于其衡量标准。

某些衡量标准只是在设计或整合上存在问题。但是，即使在刚开始设计和实施的时候是有用的，这些标准也很容易过时。它们通常没有为符合企业现状而进行适应和更新。更普遍的情况是，它们无法生成能够说明企业价值创造的全景的标准，而企业价值创造的情况正好可以为企业各层次的决策提供支持。这些衡量标准并没有促进效用和效率的提升，反而促进了低效用和低效率的行为。

1991 年，哈佛商学院的罗伯特 · G. 埃克尔斯（Rorbert G. Eccles）发表绩效衡量方面的宣言，大胆地预测称“在接下来 5 年中，所有公司都必须重新设计它的业务衡量方式”。大约 20 年之后，很多企业仍然试图找到更好的绩效衡量方式。但是，创建衡量系统的人现在却发现，随着企业的成长，它们的度量指标和底层系统也必须慢慢演变。

竞争环境的变化率和整体企业中越来越容易获取的信息，使企业更快地从传统会计型衡量标准向涵盖企业多层面更广阔的衡量标准转变。平衡计分卡（BSC）就是一个得到广泛应用的例子。在一篇广为流行的文章介绍了 BSC 之后，自 20 世纪 90 年代初期起整个西方世界的企业都开始采用 BSC。它融合了后发型绩效指标（财务类衡量标准）和面向未来绩效的前瞻型指标（非财务类衡量标准），建立了关于企业绩效的整体视角。它提供了一个框架，将战略目标归入四大类：财务、客户、内部和学习成长。BSC 的出发点（尽管不一定是它的结果）是使企业抛开简化的衡量标准清单，采用一个更综合的系统，而这一系统能够捕捉相关联衡量结果间的依存关系。

当然，我们的目的并不是兜售 BSC，而是强调创建企业绩效衡量系统的重要性，这一个度量指标的系统旨在收集整个企业中为评估企业整体绩效所需的绩效数据和信息。度量指标是为支持决策而收集的客观性量化信息。

研究发现，BSC 可能遗漏企业关键利益相关者的贡献，尤其是员工、供应商和企业所处在的更广泛社区。另外，人们发现 BSC 框架没有详细说明长期衡量标准。这两种衡量标准都对企业转型十分关键。

企业绩效衡量中足以支持绩效管理的最重要的一点不是建立一个满足所有需求的庞大系统。我们所知的此类公司即使有也很少。相反，企业倾向于建立关注特定活动或职能的多重绩效衡量系统。关键是将各个迥然不同的系统整合成一个企业绩效衡量系统。这一整合的系统至少可使你通过衡量价值识别、价值创造和价值传递的关键因素，而有效评估企业在满足关键企业利益相关者价值期望方面的表现。

实际应用的度量指标，绩效衡量系统的核心

很显然，实际应用的度量指标是任何绩效衡量系统的核心。度量指标是沟通的语言，你通过它们跨越企业的不同层面说明企业的目标达成情况。对绩效的沟通是为了管控内部和外部的利益相关者，并和他们协调协作。这些信息有助于促进流程之间的协调，反过来还会带来及时而准确的行动，将浪费最小化，并提高衡量的个体元素之外的整体绩效。

应用这些度量指标的人是否完全理解所有流程的所有细节并不重要。设计良好并经充分沟通的度量指标能为使用者赋权。它们令使用者觉得自己知道需要做什么。它们包含了使用者采取行动所需的信息。你衡量的对象很重要也很有价值，因为正如两位研究人员所说的，“你衡量什么，你就是什么”。

企业必须投入大量资源，首先用于筛选合适的度量指标，再者用于培训、激励人们，以确保这些指标可用且得到实际应用。这可能是一个很大的挑战。企业常常在设计、筛选和使用度量指标的时候犯错误。我们来看几个例子。

GammaTech 是一家大型的航天防卫公司，从它使用的库存周转这一指标就可以看到，如果整个企业对某指标的应用不一致将会产生严重后果。财务团队回顾上一财年 12 个月的总平均销售，再除以平均库存得出库存周转，而运营团队用的是比较前瞻性的公式，用接下来 12 个月要完成的订单除以平均库存来得出所谓的库存周转。计算库存周转这一指标所用的数据的来源是一样

的。但是，“库存周转”这一术语有两个不同的含义，同一个名字的指标衡量的是不同的东西，结果常引致相冲突的行动。一位高管这样告诉我们：

> “财务部门要求运营团队抛掉现存的零件，以提高库存周转率。运营小组需要这些库存以满足接下来一年的进度安排。库存被缩减了，运营团队最后另外花费了 60 000 美元再次采购同样的零件。”

尽管 GammaTech 公司设计和筛选度量指标的出发点是好的，但是它却因一个设计不良的绩效衡量系统而受损。

宝洁公司内部衡量服务的一个指标是完成、追踪、报告并行动的订单的百分比。在这一指标延伸至商品货架的范畴之前，宝洁公司都非常满意它 99.5% 的准确率。然后一种截然不同的景象出现了：某些产品在 10% 到 14% 的时间内都缺货。原始指标并没有真正衡量宝洁公司需要衡量的东西，也就是价值传递。在他们认识到这一点后，他们便从货架端回溯，重新设计了供应网络。

一个部门应用的度量指标可能促进局部优化，但可能让公司付出极大代价。当惠普于 1998 年引入彩色激光打印机的时候，该公司注意到新打印机的保修成本占到了所有惠普打印机总保修成本的 25%，但这些特定打印机只占到高端激光打印机的 3%。惠普各职能部门看待保修的观点不同。服务和支持部门采用传统方法衡量保修成本，能最大限度地控制保修服务的提供，并编制了最多关于产品故障和保修事件的数据。营销部门认为保修作为产品特点，提供长期而有吸引力的保修有助于它推销产品，它对于这一点很满意。相反地，缩减或改变保修使产品销量下降，营销团队便需要更卖力。对研发和生产部门而言，保修是产品可靠性和质量的一部分。该部门认为它能掌控这些特性，因为它的各个团队决定产品设计和生产方式。因此，它的衡量标准是产品故障率。财务团队是其他所有部门的仲裁人。

想一下这些不同的观点如何相互作用。比如，服务和支持部门可根据大量的服务请求，来宣称产品并不可靠。而研发和生产部门可以指责称保修成本过高是因为服务与支持效率不高。意识到这一点后，惠普创建了各职能部门通用的保修新定义。

一些度量指标会无意中推动反生产行为。比如，一些消费电子品公司通过保修电话率（WCR）来判断产品质量。一家公司为鼓励员工提高产品质量而建立了一项激励，基于下一年 WCR 减少的一定比率发放奖金。但是因为很难在一年之内影响 WCR，所以那些知道无法达到 WCR 要求的经理们便决定不争取这项奖金，而争取改善产品上市周期的奖金。

2005 年，美国联邦航空管理局制定了一项政策，要求在它的大型信息技术投资项目上应用净值管理，但几年后它无法确保上报的净值数据是否有效。因为这一数据有效性不高，承包商会为了合规而上报数据，即使他们内部不一定应用这些数据来管理项目。

一个大型政府机构为它的变革定义了既不可测量又不可行动的目标。其中的目标之一是“做得更好”，这只带来了关于什么构成“做得更好”的问题。度量指标如果要有用，便不能太过抽象。

我们观察到度量指标方面存在几个普遍问题：

◎ 企业内部不同的人或不同部门对度量指标的定义的和 / 或应用是不同的。

◎ 度量指标没有准确反映所衡量的或所需要衡量的对象。

◎ 度量指标的着重点在局部，同时牺牲了企业绩效。

◎ 度量指标可能无意中推动反生产行为。

◎ 度量指标只用于合规的目的。

◎ 度量指标没有提供可促成行动的数据。

筛选和构造度量指标的系统

要想避免以上例子中出现的问题，你只需要应用一个结构化的流程，便能够筛选出基于企业整体视角并易于联系到企业价值主张的度量指标。这一流程的第一步是针对现有的度量指标进行一个简单快速的测试，以确定他们是否SMART——即战略性（S）、可衡量（M）、可行动（A）、相关联（R）和及时（T）。这个缩写广泛应用于商业领域。在某些情况下，SMART 各字母表示不同的单词，但概念本质上是一样的。

◎ 战略性度量指标，无论其抽象度如何，都可以联系到企业目标上。

◎ 可衡量度量指标，即可以为企业目标集准确完整的数据（注意可衡量度量指标不一定非得是定量的，它也可以是定性的，只要它的要求进行了清晰定义即可）。

◎ 可行动的度量指标，即能够清晰说明某绩效趋势的内容、时间和发生地点。它同时必须在整个企业范围内都清晰易懂。

◎ 企业倾向于衡量所有东西，产生了巨量的度量指标，作用有限而且在某些情况下令人困惑。能推动企业内部行动的度量指标即是相关联的指标。

◎ 最后，如果一个度量指标能反映企业实际情况和它的绩效，并且可以为决策层所用以在必要的时候及时采取矫正行动的话，即为及时的指标。

企业度量指标词典能确保这些标准定义合理，容易理解。它也是整个企业内部的沟通机制。如果 GammaTech 公司在它的度量指标词典中定义了“库存周转”的话，它就可以避免那些因不同部门对这一词语定义不同而引发的问题。

为建立度量指标词典，我们应用了一个基于衡量记录表的指标定义模板，使它确保这些指标具备 SMART 特性。表 6-1 的样本显示了它是如何同时捕捉度量指标和企业价值主张之间的联系的：该例子中的整体企业客户满意度（OECS）是一个集合指标，关注企业多重互动关系中所有客户的满意度。它用来评估客户满意度方面的整体表现和它与企业发展战略的一致性。

表 6-1　　度量指标模板示例

名字	整体企业客户满意度（OECS）
目标 / 目的	衡量企业的整体客户满意度，以确保它和发展战略相匹配，并评估客户服务的表现
范围	着眼整体企业，聚焦客户服务和产品开发流程
目标值	至少 98% 的客户将产品满意度和服务满意度评为 9 分以上，总体评分为 95% 以上
公式	年度调研 × 0.2+ 产品满意度 × 0.4+ 服务满意度 × 0.4
计量单位	个体评分为 1—10 分，总体评分为百分比
频率	每六个月计算一次，年度调研每年测量一次；产品满意度在购买后立即测量，以及在投诉和服务请求发出后进行测量；服务满意度在每次进行预定或非预定服务后进行衡量
数据来源	调研数据库；年度调研；购买后调研；服务信息系统；服务评分；客户投诉系统；产品投诉
负责人 / 行动	共享服务部副总裁：追踪整体指标和成分指标，在无法达成目标范围的情况下发起复核，以找出问题根源
备注	这一指标在企业仪表板上进行报告，并基于分析进行调整

通过这一模板，你首先建立起该度量指标的背景（目标 / 目的，范围和目标值）。理想情况下，它的名字应一目了然，能够说明所衡量的对象。一个清晰的名字能避免它和其他用于类似目的的指标混淆。

模板以下的部分说明了该指标的原理。考虑到其目标值通常是一个代表利益相关者不同价值间的权衡取舍的基准值，如果超越该目标值的临界值会导致需要采取某些行动。在表 6-1 的例子中，该目标值包含两个部分：至少 98% 的客户将产品满意度和服务满意度评价为 9 或以上，同时整体企业客户满意度评分大于 95%。

识别出一个度量指标的负责人和该负责人基于该指标将采取什么行动非常重要。度量指标必须能够追溯到收集必需数据、避免该指标过时的负责人身上，而过时意味着该指标不再推动恰当的行动。明确该行动的情况后，可进行有效的管理监测和管控。

耐克公司在该公司欧洲运营部门的绩效衡量系统中创建了度量指标词典，这带来了极大的成功。在此之前度量指标的记录是比较含糊的，造成了下属和经理之间的沟通问题。运用模板能提高度量指标的质量，促进相关指标信息的更有效沟通。该词典使得利益相关者能更加注意绩效衡量，耐克的员工也得以通过协调企业内部各种不同的倡议，使报告流程成为持续改进流程的一部分。

耐克的例子同时说明了一个企业可能会需要多少度量指标。刚开始的时候，它只有企业层面的若干度量指标，直接与企业目标对接。随着指标分解和延伸至企业较低层面，其数量也扩大了。在耐克的欧洲运营部门，最终识别定义出了 100 多个度量指标。对更大型的企业来说，低层面度量指标的数量甚至更多。

但是对企业转型来说，首先需要关注的是建立与战略目标相关联的企业层面度量指标。除了 SMART 特性，这些度量指标必须在整个企业中都容易沟通和被理解。

有了这么多度量指标后，关键需要将它们进行组织，使它们可用、易管理（超越词典的范畴）。大部分企业都建立了度量指标分级系统。有些指标是企业层面的，高层领导团队用它们来指导企业战略方向。而其他度量指标，如流程和变革倡议的负责人根据用于监测和管控运营上的个体指标，用它们来进行策略指导。一个有效的指标系统应该贯通战略、策略和运营各层面的度量指标。

图 6-1 提供了一种把指标个体、指标集和指标群之间的联系作为系统进行思考的方式。指标群是企业绩效的宏观指示，它们是企业层面的指标，为高层领导团队提供了简明却综合的绩效信息，应用于战略决策中。每个指标群都集合了指标集和指标个体。指标集提供了某特定领域或流程的更为具体的信息，它们源于并反映利益相关者价值和首要战略选择，是企业绩效的首要指示。指标个体与某项活动或任务相关联，是整个系统的基础构成要件。

为了说明指标群、指标集和指标个体之间的联系，可思考人力资源方面的度量指标（见图 6-2）。一个名为人力资本管理的指标群可能由四个指标集构成：员工参与度、知识可得性、劳动力优化度和学习能力。这些指标集集体指向那些作用于人力资本管理的组织实践。劳动力优化度这一指标集可进一步细分成 6 个度量指标：衡量工作流程是否定义合理、培训是否有效、工作条件是否能支撑高绩效、是否能预知并奖励高绩效、是否基于能力聘工、新聘请人员是否完成了完整的入职培训。

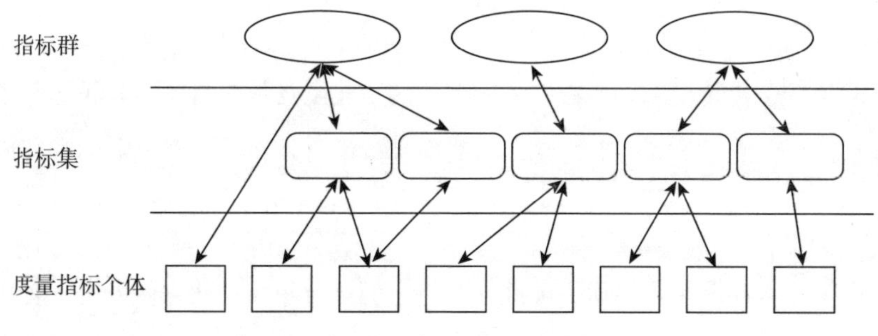

图 6-1　度量指标系统的结构

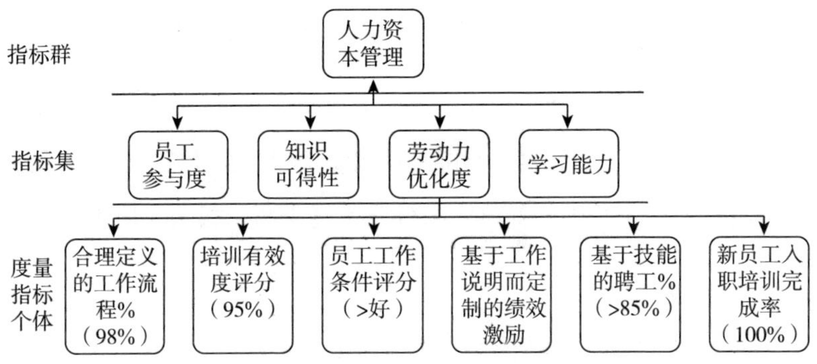

图 6-2　度量指标系统的结构举例

最重要的是，高层领导团队必须设计好指标群，而指标群必须源于战略目标和利益相关者价值。一家大型的引擎生产公司追踪的关键企业度量指标为及时交货率、交付产品质量、首次通过率、过期应收账款和投资资本回报。每一个都代表了利益相关者需求上需要处理的关键断层。指标群推动了指标集和指标个体的设计和筛选。如果一个企业的绩效衡量经验很丰富的话，将会同时存在历史遗留的指标集和指标个体，影响指标群的设计。

企业应用的度量指标系统应该涵盖所有能影响绩效的企业活动。它需要进行集体设计，确保运营行动与战略需求相关联，并由它所驱动。

理想情况下，你的企业会有一个我们所谓的度量指标 3C 系统：完整（Complete）、紧凑（Cohesive）和一致（Cosistent）。完整的指标系统中，指标群涵盖了企业的所有战略目标。紧凑的系统可通过指标个体到指标集再到指标群进行追踪，后者直接指向战略目标。最后，在一致的系统中，两个相关联的度量指标不会驱动相互冲突的行为，所有指标都如预期进行应用。

建立并维持企业绩效衡量系统

在建立、协调和管理指标个体、指标集和指标群的过程中，绩效衡量系统便开始形成。理想情况下，这一系统是自我修正和自我维持的。也就是说，它的应用将使系统产生必须的变化，取得该系统各利益相关者使用者的更多的支持。

Grolsch 公司物流部门新的绩效衡量系统的建立和采用，源于对一个能服务顶层管理团队，同时有助于企业各层面员工提升绩效的系统的需求。Grolsch 公司为了能够定量地捕捉绩效的相关方面，它首先聚焦于局部现有知识和经验的识别、记录、评估和整合，继而聚焦于对这些东西的应用的领会。对指标现状的理解便作为基准线，支持现有尽可能多的衡量标准的重复利用，或者支持必要时新机制的建立。理解指标现状意味着准确定义那些可能影响绩效管理系统的现有指标、原理、所用数据、使用者体会到的局限、可改进它们的方案，以及信息系统持续或预期的变动。实际上，Grolsch 公司创建了度量指标词典，然后评估它是否达到 3C 标准。

Grolsch 公司的团队明白找到并应用合适的度量指标有多么难。所以他们在物流部门试图找到抽象程度恰当的合适指标时提供了支持。Grolsch 公司通过应用那些已知有用的指标并尝试新的指标，得以提升组织效能和利益相关者沟通绩效衡量的能力。Grolsch 公司通过创造一种支持绩效衡量的文化，以及带来绩效衡量体系动态的较高可视化，同时提高了员工对于这一系统的主人翁意识。

雷森公司在马萨诸塞州安多弗市的安多弗工厂（IADC）展示了绩效衡量系统的另一个经验：有时候企业某一部分起作用的东西可以作为良好候选方案拓宽到企业其他部分。在这个案例中，雷森公司把它逐步应用到公司更大范围中。

在 2000 年过后不久，雷森公司很多业务部门和项目的业绩都发生了急剧下降。这严重损害了安多弗工厂的未来。雷森公司正经受着价值危机，需要裁减员工。如果没有较大改进，该工厂则面临着倒闭的命运。

2000 年面临的问题是如何减少成本，争取存活。雷森公司随之设立了一个大胆的目标：在接下来的每年中减少 10% 的成本。为了达到这一目标，雷森公司增强了已经在进行的流程改进行动。它创建了虚拟商业系统（VBS），这是雷森公司在安多弗的生产部门为绩效衡量系统取的名字，它发源自厂房层面旨在应用精益原则和精益实践的倡议。首先，在 2002 年，IADC 公司进行了价值流重组以提升绩效，并继续缩减成本。2004 年启动了虚拟工厂倡议，用以思考如何通过自动实时显示厂房的数据而提升决策。2007 年启动了另一项大型改进倡议，用以创建出新的仪表板，评估当时正在复兴中的多个生产项目的绩效。该仪表板专门用于通过虚拟分析来协助项目管理办公室层面的决策人员。2008 年雷森公司进行了对 VBS 的第三次扩展，这一次是针对工程部门，试图以某种能有助于早期识别风险和机会的方法分析工程指标。雷森公司还同步支持另一个项目，将可视化和沟通的优势向生产流程上游转移，以管控供应链的不确定性。

图 6-3 显示了雷森公司的 VBS 系统是如何演变并涵盖整个企业中的更大范围的。VBS 的边界随着时间的推移发生了极大变化，绩效衡量系统的范围和用户人数都增加了。它初始聚焦生产单元，后来涵盖了项目管理、工程和供应商管理。随着更多利益相关者进入绩效衡量系统，它有助于创建一个透明和沟通良好的环境，以确保某利益相关者子群体的动作不会和其他人的目的相左，也不会阻碍价值流。

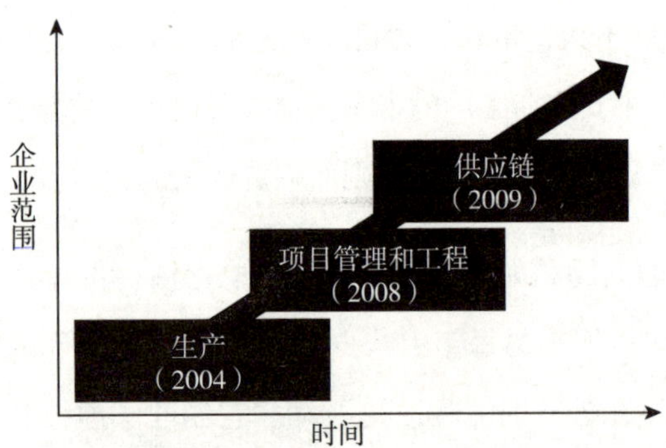

图 6-3 雷森公司安多弗工厂的 VBS 范围的演变

安多弗工厂中 VBS 的成功演进可以归功于几个因素：它培养了一种识别问题根源而不苛责的文化。随着利益相关者理解 VBS 且对它的威胁感降低，应用中遭受的阻力越来越少，也征求了利益相关者的意见并整合到系统中。考虑到 VBS 仪表板的快速成型的潜能，开发者得以快速取得反馈并将用户需求甚至渴求的东西都整合进去。当员工提出意见或建议时，他们便分配工程师或经理人员来处理这些询问信息，并为确保跟进而负起责任。厂房的员工知道有人倾听他们，于是便有了主动对流程或环境改进发出声音的动力。最后，开发者通过向员工培训 VBS 的使用，积极使员工参与进来，他们甚至还尽可能地去到员工的工作场所中帮助解决问题。同样，早期应用者也有动力教同事使用系统，并展示他们从中得到的好处。

VBS 还不是一个充分发展的绩效衡量系统，但是它还在不断演变，有希望成为这样的系统。

绩效衡量系统与转型行动的对接

Grolsch 公司和雷森公司的例子突出说明了建立一套完整、紧凑一致的 SMART 指标的企业绩效衡量系统有多么重要。理想情况下，这一系统可成功服务于企业的 5 个职能：

◎ 通过衡量和记录实际绩效进行**监控**。

◎ 通过识别预期绩效和实际绩效之间的差距并促使这一差距缩小进行**控制**。

◎ 通过识别关键机会进行**改进**。

◎ 通过为决策提供信息并使跨越内部边界的沟通以及和外部利益相关者的沟通成为可能而进行**协调**。

◎ 通过鼓励绩效和持续改进进行**激励**。

企业绩效衡量系统在两个方向与转型行动对接。一个是在建立绩效衡量系统过程中，分析指标现状的任务将使他们得以识别机会，改进企业。相反地，前面几章所述的那些转型早期的分析，如战略目标、利益相关者价值和流程结构等，都能说明企业绩效衡量系统的设计。

为了显示企业绩效衡量系统是如何支持转型的，让我们来看看 Baylor Health Care Systems（简称 BHCS 公司），这是一家位于得克萨斯州达拉斯沃斯堡地区的非营利性综合型医疗机构。BCHS 公司在 1903 年起步的时候是一家只有一栋建筑物的医院，后来便发展为一个综合了医院、初级护理及特殊护理中心、康复医院、高级健康中心和附属门诊外科中心的系统，总共拥有 3 000 张病床。

1999 年，BHCS 公司的理事会设立了临时的质量测定审核委员会，旨在识别关键的医疗质量指标和基准，并为衡量和提高服务质量建言献策。该委员会的建议包括成立跨越 BHCS 公司所有运营单位的多学科医疗改进运营团队、引入临床指标及相关的绩效管理激励度量指标，并确保每位委员会成员都和企业战略方向相一致。

通过成立一个多学科的最佳护理委员会（BCC），以及引入连接管理激励和临床指标的新度量指标，这三个建议都得到了落实。最佳护理执行委员会为BCC建立了战略和日程，确保它遵循国家医学研究所确立的六个目标，即提供安全、及时、有效、高效、公平和以病人为中心的护理服务。BCC每两个月开一次会，以监督所有和改进质量及病患安全相关的活动计划、预算、执行和报告。

BHCS公司的总裁兼CEO乔尔·埃里森（Joel Allison）解释说："我们之前一直都觉得我们是这块市场上质量最高的机构，但我们那时想证实这一点。""人们总是谈论质量，但是挑战在于衡量质量。随着我们看到越来越多的公共报告，我们想要确保有关我们的信息是正确的，我们也想成为领先者之一。"

BHCS公司把国家医学研究所的6个医疗目标转化成4个支柱：人、质量、财务和服务。这一框架浓缩了BHCS公司的目标，代表了本章之前所述的指标群。通过和指标集相对应的4个类别中的27个度量指标衡量质量目标，4个类别指急性心肌梗死、社区获得性肺炎、充血性心衰竭和外科护理改进。除了这些指标集，团队还有可以衡量BCC确立的其他改进项目的度量指标和指标集。BHCS公司的绩效衡量系统的结构如图6-4所示。

有了恰当的绩效衡量系统和对它在企业转型中的作用的理解，我们继续通过集中聚焦于一致化、资源、成熟度和浪费来完成对企业现状的评估。

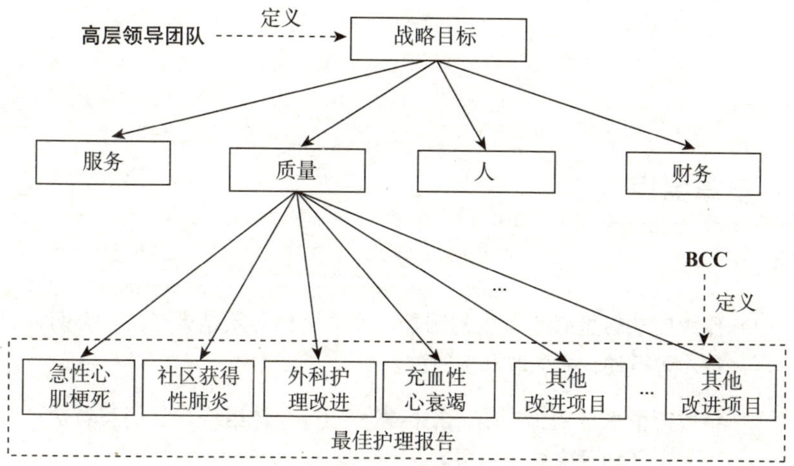

图 6-4　BHCS 公司绩效衡量系统的结构

本章要点

BEYOND THE LEAN REVOLUTION

◇ 作为成功转型必不可少的因素，度量指标必须是战略性、可衡量、可行动、相关联和及时的。

◇ 绩效衡量系统由指标群、指标集和指标个体组成，它们有着明确的定义和可追踪的关系。

◇ 绩效管理系统不仅用来监测管控公司，也用来提高、激励和协调企业绩效。

◇ 绩效衡量系统必须是一致的（不能有两个驱动相冲突行为的度量指标）、紧凑的（指标个体、指标集和指标群之间具有可追踪性）和完整的（度量指标总体能覆盖关键的战略目标和利益相关者价值）。

评估企业现状的其他透镜

给我关于今天的洞察，

我就能为你重现过去并预测未来。

——拉尔夫·沃尔多·爱默生

美国思想家、文学家、诗人

有了迄今沿路线图完成的所有东西后，企业便接近了可以建立未来状态的愿景的那一步。但是在那之前，为清晰说明现状，企业必须严密检验其他几个环节。若不是基于现状的清晰图景的话，关于未来状态的愿景是无法达成的。

基于前面几章节的领导层的战略目标，运用来自利益相关者分析透镜、流程结构分析和绩效指标分析的数据，企业转型之路上的下一步是判断一致性的现状。理解一致性提供了理解现有绩效驱动因素的方式，并得以识别出改进机会。

一致性透镜

企业一致性指的是企业战略目标、绩效衡量、利益相关者价值和企业流程之间的连贯性，它通常都是成功转型中被忽略的关键部分。比如，你可能为激励转型设定了很不错的战略目标，但是如果它与绩效衡量系统不一致的话，就可能无法达成预定效果。同样，你所识别的利益相关者价值现在必须与提供这些价值的企业流程直接关联。评估战略目标、绩效衡量、利益相关者价值和关键企业流程之间的一致性（或一致性的缺失），不仅会增加你对企业的理解，也让你得到对能够采取的动作的洞察，以改进你的企业。

这第四个透镜明确基于之前的透镜数据。我们发现很难得到关于企业层面一致性的真实全面的了解。因此，我们开发了一个工具，称之为X矩阵，用来评估数据并建立这一幅图景。我们强烈推荐你应用X矩阵，因为它真的很有用。它提供了一种方便地显示评估企业得到的数据，让你可以清晰地看到战略目标、企业度量指标、企业流程和利益相关者价值彼此之间是否一致。

图7-1显示了X矩阵的模板。X矩阵有四个象项。一致性分析的第一步通常是左上象项的战略目标和度量指标，其目的是理解你的企业收集到的衡量结果和你试图达成的目标之间的匹配度。如何知道一致性较强或较弱，或者是否根本不一致？较强的联系由目标与指标之间的深色方格表示，浅色方格则说明联系较弱，白色（空白）方格表示没有联系。不一致可能说明并没有度量指标来追踪企业满足战略目标方面的表现。

这一流程通过接下来三个象项以逆时针方向继续着：分别是度量指标和企业流程；企业流程和利益相关者价值；利益相关者价值和战略目标。你描述的是诸如以下的问题的答案：

◎ 度量指标是否透过组织以合乎逻辑的方式向下流动，以衡量流程绩效？

◎ 这些流程是否能传递所必须的利益相关者价值？

◎ 这些由利益相关者价值数据分析而定的战略目标，是否能代表利益相关者价值？

◎ 它们是否与利益相关者价值具备较高的一致性？

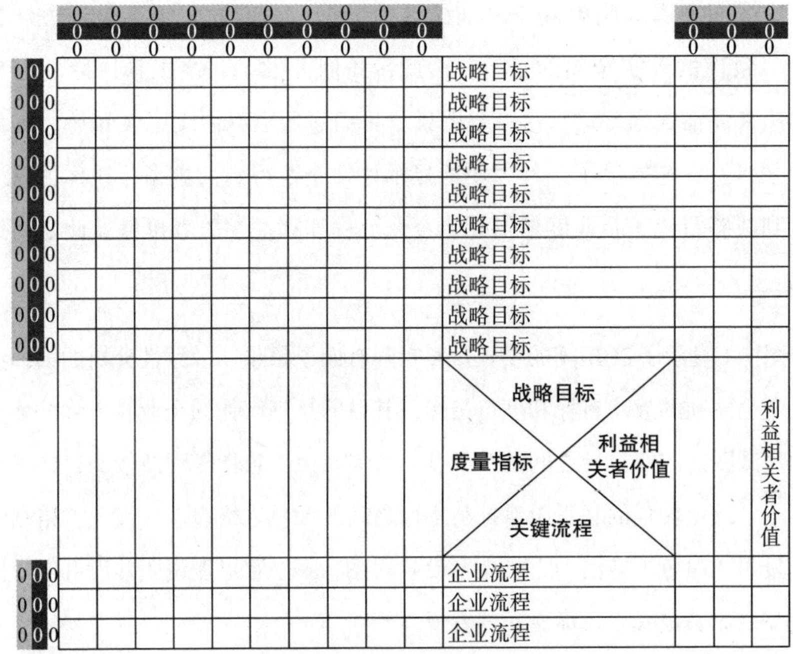

图 7-1　X 矩阵模板

通过 X 矩阵，企业得以大致看到企业所有最重要的部分的一致性如何。它反映了企业转型中需要实施的行动内容。

图 7-2 则展示了一个左上角已完成的 X 矩阵。它显示了一家全球个人电脑开发生产商的度量指标在多大程度上服务于企业的战略目标。在我们分析了度量指标并确定了它们衡量的是哪个战略目标后，便有几个问题显现了出来。首先，聚焦于提升公司核心竞争力（比如生产）的度量指标相对较少。比如，追踪预测的准确性有很多方式，但和打造创新型产品相关联的度量指标却很少。这说明了企业需要通过某些措施来使度量指标和新的战略目标相匹配，在这个案例中便是定义新推的关键产品的未来。

积压订单缺口	存货周转天数（DSI）	按目标交付（DTT）	交期内出货率（STC）	积压订单	运营周期	产品开发周期	每盒成本（CPB）	销售量	任务达成率（DTC）	丢失、错误和受损（MWD）	战略目标
							■				缩减每盒成本
											发展和留住关键人才
■	■	■	■	■	▨		▨		■	▨	提高预测的准确性
						■		▨			第一位进入市场
								▨			打造创新型产品
▨					■		▨			▨	简化产品设计
	▨							■			在其余笔记本产品中进行Scomp营销
					▨		▨		▨		利用地理生产
▨		▨	▨	■	■				▨		更好的产能计划
								■			扩大客户基础

图 7-2　某 PC 生产商战略目标和度量指标之间一致性的 X 矩阵

其次，图 7-2 显示的另一个问题和发展和留住关键人才有关。企业很看重员工，对他们很好，但它仍然太过于关注产品，以至于忽略人力资源。

我们发现，尽管企业不需要把很多方格都填满，但是确实需要每一列和每一行都至少有一个深色方格。图 7-2 的 X 矩阵说明了个人电脑企业需要为它的三个战略目标制定度量指标：发展和留住关键人才、打造创新型产品、利用地理生产。

图 7-3 展示了一个更大型的 X 矩阵的局部，它对比了同一家企业的流程和利益相关者价值。

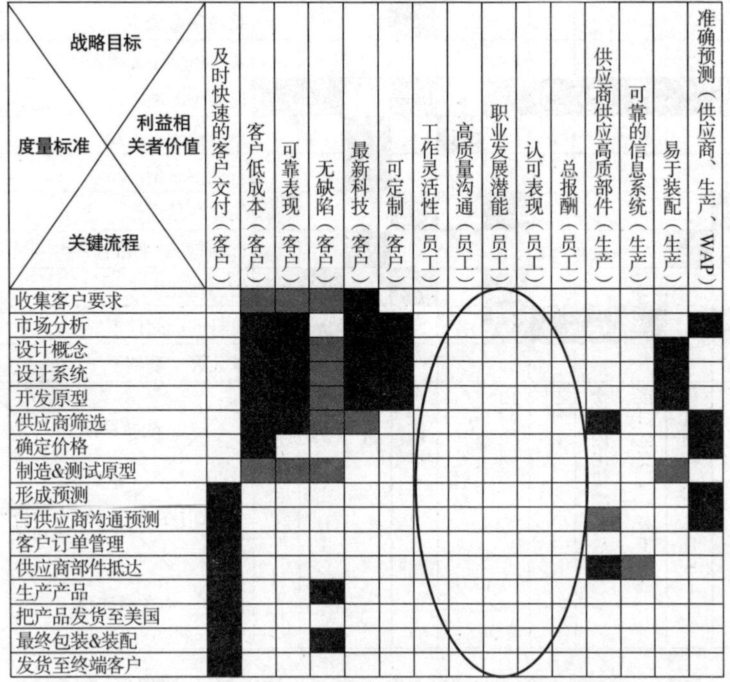

图 7-3　某 PC 生产商的流程和利益相关者价值之间一致性的 X 矩阵

这一个 X 矩阵再次聚焦于我们在度量指标和战略目标对比中发现的生产和分销流程。有 11 个关键流程可以确保及时交付率，这是一个重要的利益相关者价值。还有几个设计流程通过不同的途径为客户传递价值：低成本、可靠绩效、零缺陷、最新科技和定制化；优化的设计也有利于生产。但是，没有为员工传递价值的关键流程。

软件开发商 ZED 公司通过 X 矩阵来确定它的战略目标（见前文）是否和企业的度量指标一致。其中的一个目标是扩大规模，也就是继续扩大收益和全职员工规模。ZED 公司发现它的度量指标和这一目标很一致，但是它的另一个目标——提高品牌认知度，和度量指标就不那么一致。如果像高管所说的，企业要“更进一步”的话，那么这一目标对它便很重要，但很难衡量，尤其是内部衡量。企业决定着力将“俘获并赢取”比率设定为度量指标。

在“聚焦于更大型项目”这一战略目标上，ZED 公司的 X 矩阵分析产生了转型规划所需的重要信息。这一目标和企业度量指标之间发生了不匹配。聚焦于更大型项目意味着聚焦于高知识性项目，并且 ZED 公司除了计算交付的培训模块的数量之外，没有其他方式可以衡量它对于高度知识驱动型任务的关注。很显然，这一差距揭示了转型项目的一个机会。

一致性分析的结果成为企业浪费分析的原材料，这是本章后面部分的内容。

资源透镜

企业是如何应用其资源的？在这个过程中有成本效益吗？主要的资源杠杆点有哪些？现在每个企业都应该能够清晰说明它的资源在何处得到利用，应用这些资源的成本是什么，这些资源是如何应用的。这一透镜的目的就是回答这些问题。

评估资源的目标非常直接。比如，如果你打算缩减成本，那么关注：最大的成本所在，是人、材料（大多数企业最常见的两个因素）还是其他东西的成本。

流程结构透镜是分析关于资源分配在哪里以及如何分配的组织框架。事实上，你不进行流程评估无法完成资源透镜这一步。

为了打造企业成本的图景，你必须识别主要的成本来源，比如直接劳力、设施、日常管理费用等。将这些成本分配到各大类别中，想一想它们在各个产品线上是如何分配的以及这在你的企业中是否恰当。

为了说明资源透镜的工作原理，我们回到 HPE 这家在前文中介绍过的公司。表 7-1 说明了 HPE 公司和企业流程相关的员工人数。尽管 HPE 公司认为并购是关键的企业流程，但是并没有与之相关的人力资源。

表 7-1　　HPE 公司领导流程资源分析

领导流程	人数
战略供应商规划	4
并购	0
战略商业规划	5
确保沟通	2
规划领导层换届	2

但是人数并不是资源利用的唯一元素，还有时间和成本。想一想交付周期（启动流程和实际完成流程之间的时间）和增值周期（为流程增值的时间周期）。将这些资源加入分析之中，能增进你对资源利用的理解。在 HPE 公司，和供应商谈判的流程的交付周期是 30 天，而实际的增值周期只有 12 个小时，增值周期和交付周期的比例是 0.016 67。

成本通常都是基于传统的职能部门和企业部门来进行衡量的。分解企业的成本是检查企业是否将它的宝贵转型资源进行了有效投资的一个好方法。我们合作过的一个企业称，招聘和解雇工厂工人是它的核心竞争力之一，并且该公司也在减少直接劳动力方面花费了很多时间。但是直接劳动力成本只占到了总承包商层面生产成本的 10% 到 12%。

如果你没有真正理解你的成本，结果只会是把转型精力浪费在错误的事情上。然而，这一结果是我们经常看到的。理解在错误焦点上浪费了多少精力并不难。想像一下，一个企业中生产只占到系统生命周期中历史预算支出的 17%。如果直接劳动力成本只占到生产成本的 10%，那么通过削减劳动力节省下来的最大绝对值是生命周期成本的 2%。再进一步分析，如果通过转型现在可实现最大 20% 的改进，那么聚焦于直接劳动力成本对生命周期成本的影响不到 0.5%！

图 7-4 展示了 HPE 公司的企业成本细分。你可以看到三个主要的支出领域：运营、工程和客户服务。HPE 公司直觉上知道这些是需要关注的领域。该分析真正的效力在于整合所有透镜，而不是只通过资源透镜看问题。在 HPE 公司，即使企业的主要成本在运营上，那些成本也是工程部的设计决策的结果。HPE 公司知道这一点，因为企业流程结构是它确定下来的。领导团队把改进工程流程作为关键转型领域。

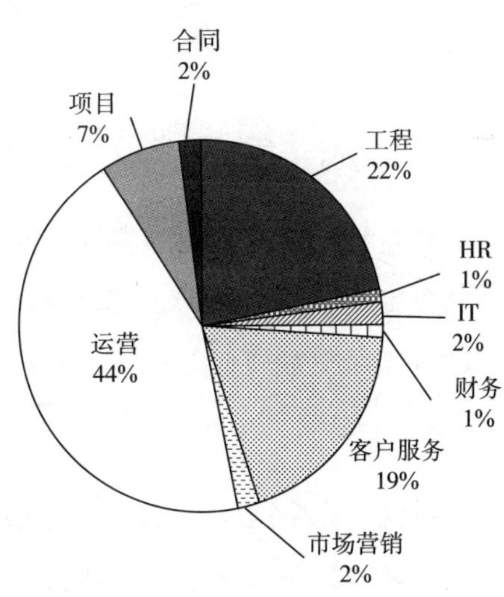

图 7-4 HPE 公司企业成本细分

从资源评估和成本细分中你可以学习到很多东西。比如，如果成本细分揭示了 70% 的材料成本来自供应商，你就会知道如果要缩减材料成本，需要处理供应商基础，而不仅仅是内部成本结构。

一些资源杠杆点直接与流程连接，尤其是在周期较长、消耗的资源数量大和（或）互动关系不理想的时候。比如，你可能会发现，在信息流通不畅或不同部门的人无法顺利共事的流程中会消耗资源。这可能也有助于说明应该把（或不该把）改进活动聚焦在哪里，才能达到最大的益处。

只关注直接成本细分是不够的。比如，你可能只在产品设计中花了 5% 的总成本，其他的在于材料、劳动力和日常开支，分别占到 50%、15% 和 30%。同时，转型行动的焦点不一定在最大的成本元素上。相反，重点是需要理解真正的生命周期成本。关于成本的更深层思考揭示了，即使产品设计只占直接成本的 5%，产品设计仍影响超过 70% 的总生命周期成本。在知识型工作如软件开发中也能看到同样一点。企业必须关注那些影响总生命周期成本的领域，而不仅仅是那些价值最高的领域。

成熟度透镜

第六个透镜聚焦于评估企业成熟度——也就是评估企业采用的一系列企业转型关键实践的程度。成熟度评估是理解现状必不可少的部分。通过理解企业的成熟度，高层领导可以确定在开始转型之前需要关注哪些领导因素和支持因素。

成熟度评分的底层基础概念是两个步骤。首先，确定组织绩效的最重要因素。其次，定义企业在特定因素上的表现提升时，所反映的能力是否随之渐进提升。

在我们的企业评估中，我们使用了在前文中已经介绍的 LESAT 工具。LESAT 可以引导你进行企业三个首要领域的成熟度自我评估。成熟度评估突出了企业最高层面的关键综合实践。这些实践并不是包罗一切的，但这个清单很广泛，代表了企业要想转型成功需要展现的一些更重要的行为。

第一个首要领域是领导层，特别是转型领导层流程。通过直接来源于企业转型路线图的几十个特定实践的结构性评估，我们能够判断企业在战略整合度、领导层及其投入度、价值流分析和平衡、变革管理和转型规划、执行和监控等方面的转型就绪程度。这些实践涵盖了企业战略规划、采用全面的企业思维、专注于创造利益相关者价值、形成企业结构和行为、转型规划、实施企业倡议和塑造整个流程等。

通常来说，成熟程度通过 1 分（低）到 5 分（高）的量表来衡量。比如，我们衡量的领导层实践之一是领导层的精益企业愿景。其成熟度如下：

1. 高层领导对企业的愿景不同，有的没有愿景，有的有着明确定义的愿景。
2. 高层领导对企业有着一致的愿景。
3. 这一企业愿景经过沟通，为大多数员工所理解。
4. 拓展企业对企业拥有一致愿景。
5. 利益相关者将该愿景内化，并积极寻求达成该愿景。

再次说明，如同我们在引言中解释的一样，领导层是企业成功转型的核心。评估领导层实践的成熟度有助于确认企业转型建立的新的心理模式是否在员工中一致——这最终成为成功的前提。你必须理解的不仅有每位领导的实际成熟度，还有领导层成熟度的差异，才知道需要采取什么措施才能达成共同的心理模式并向前发展。

我们衡量的第二个领域是生命周期流程的成熟度。这涵盖了所有企业层面的核心流程，包括要求定义、产品 / 流程开发、供应链管理、生产以及分销和支持。在这一评估中，我们关注的一个实践，是企业对下游利益相关者的理解，以及这一理解如何促使价值无缝流向客户。我们衡量的是企业在将下游利益相关者价值（生产、供应商等）整合到产品和流程设计方面的成熟度。该成熟度各层次如下：

1. 生产问题在设计较晚的阶段考虑。
2. 生产和装配问题在设计的较早阶段考虑，但比较临时，而且较少考虑供应商和成本问题。
3. 多职能的团队包括了一些下游领域和关键供应商。
4. 下游利益相关者的优先工作在设计中尽早进行了量化，并用于流程评估和改进。
5. 下游利益相关者在拓展企业中的价值进行了量化，并通过取舍进行了平衡，这一过程也作为流程中的持续进行的部分。

最后，我们衡量了企业赋能型基础设施的成熟度。这是对体现在八个实践中的关键支持流程的评估，比如财务、信息技术、人力资源、环境健康和安全。赋能因素可以是组织关联型或者流程关联型的。组织关联型赋能因素的例子是企业利益相关者能够获取所需的财务信息。流程关联型的赋能因素是指这些流程是一致并且可重复利用的。

衡量成熟度包含了一系列重要的诊断问题：

◎ 整个企业中应用的是共同的工具和系统吗?

◎ 财务和会计系统和非传统的价值创造衡量标准的整合程度如何?

◎ 利益相关者按需检索财务信息的效果如何?

◎ 是否对人力资源实践进行了审核，以确保智力资源和流程需求相匹配?

◎ 赋能型基础设施流程是否和价值流的流动进行了一致化?

◎ 各流程是否产生了最少量的环境隐患?

◎ 信息技术系统是否和利益相关者沟通及分析需求相兼容?

我们多次观察到，评估流程本身和实际的成熟度数值结果有着同等的价值。评估是开始思考战略重点领域的方式，而且它常常改进高管间的沟通，因为他们能聚在一起讨论结果。结构化的评估流程有助于为讨论企业转型的重点议题创建统一词汇，同时也有助于识别企业中那些可能需要额外学习关键转型概念的人。几乎在我们每一次检验了这一过程之后，财务和人力资源部的人都在某种程度上觉醒了，因为他们意识到需要做什么来协助并参与企业转型。创建一幅关于所有这些实践领域成熟度的图景，是识别企业层面的问题的另一种方式，是最大机会之所在，是为捕捉这些机会而需要跨越的最大鸿沟。

成熟度评估也有助于让下一步更清晰。有时候，处在转型初期且成熟度较低的企业可能不知道如何达到更高层次，甚至很难理解这些更高层次是什么。这种可能性是我们选择让工具特异化的原因之一，这是相对某些应用通用定义的成熟度工具而言的（比如 1 相当于“起步级别”，5 相当于“世界顶级”）。

比如，评估成熟度对某跨国航天防卫集团起到了作用，该集团此前一直努力地实施新的整合企业流程开发（IPPD）项目。他们让工程师去参加培训会，并联合生产端和供应端的利益相关者实施了精益实践。我们帮助他们进行企业评估时，得知他们无法在他们项目中的重点关注领域达到最高的成熟度时，他们感到很失望，但却不惊讶。

在进行了更密切的检验后，有这样几个关键洞察。其中之一是相对于某些直接下属，各部门负责人更加积极投入到企业转型中。他们的下属很显然并没有像他们那么严肃地对待这些倡议，因此无法提供恰当的赋能型支持。与此相关，像财务、信息技术和人力资源之类的赋能型职能部门，并没有理解他们在支持如产品开发和生产等生命流程领域中的角色。比如说财务部门，没有看到分享成本及市场营销数据和提升其他人在新产品开发及供应链管理方面决策能力的关系。同样，人力资源部门也没有理解招聘更灵活、能够发现其设计决策对整个生命周期影响的工程师的必要性。另外，只有通过企业评估，首席信息官才开始理解产品数据管理系统对企业简化新产品开发的能力的重要性。

总而言之，公司进行企业评估有助于更好地理解企业每个部门在转型中起到的重要作用。在工程和运营中为提高效率而实施的措施现在得以以不同的方式被看待。从高层领导到普通员工的每一个人，都理解到统一的企业视角的战略重要性，以及企业为达到转型最大效力而必需进行的协作。

另一个例子中，一个更大型的集团选择让生产部进行成熟度评估，因为它拥有“最好的”装配线。它在提升运营方面做了一些不错的工作，但却停滞不前。成熟度评估使企业其余部分得以认识到哪些是成因。当得到成熟度分数的时候，整个企业都很惊讶于分数之低，但是装配部门却一点都不觉得惊奇。该部门的问题一直以来都是无法让部门高层关注、支持甚至理解他们的需要。

成熟度分析帮助部门其他的人亲眼看到装配部门一直以来所说的情形，最终使得公司理解到整个企业在转型中需要扮演什么角色。通过在公司层面进行评估，传统的界限概念被打破了。整个企业的人和各部门，都能够透过他们行为的一级效应而认识到这对整个价值链的影响。

这一评估能够指出问题，并开始指向解决方案。它说明生产部并没有得到来自工程部、市场部（以预测的形式）尤其是来自信息技术部的所必需的支持。有了来自成熟度和其他现状评估因素的信息，该公司形成了对企业未来状态的愿景，以及一系列能解决不足并有助于达成愿景的优先任务项。然后他们便寻求并得到了来自高层领导的高度投入。

关于成熟度衡量，需要铭记的一个重点是，并不是所有领域都要达到高水平才能达成目标。比如，如果缩减上市周期是一个关键的战略目标，那么便应该有整合良好的产品开发流程，即成熟度较高。在其他的领域，比如分销流程，成熟度较低也可能是因为那些流程不如战略目标达成那么重要。同时，因为企业某些领域相对其他领域而言更能影响企业整体，所以在这些领域达成较高的成熟度很可能会对企业整体成熟度产生更加深远的影响。

我们同时还观察到这三个首要领域之间一些非常有趣的关系。对美国和英国 31 个航天防卫公司进行的研究发现，领导层流程成熟度较高的公司同时在生命周期和赋能型基础设施流程中也展示了较高成熟度。企业领导层的能力和所创造的变革环境有很强相关性，反过来也和实际的转型行动有很强相关性。研究还显示，成熟度较高的企业具有正式的信息反馈机制，这使得企业得以形成转型能力，并更有效地区分改进活动的优先度。成熟度较高企业的转型轨迹能反映的企业转型路线图。

浪费透镜

对企业现状进行评估的第七个也是最后一个透镜，涉及识别那些可以消除的浪费。这一透镜应用来自第二个到第七个透镜的数据。

消除浪费指的是不直接为利益相关者增值但仍然消耗资源的动作、路程或活动，它是精益思想的根本信条之一。在关于精益的语境中，通常在以下 7 个类别中识别浪费：等候、运输、过度处理、库存、不必要的移动、产品缺陷和过度生产。一般来说，生产浪费在这些类别中进行评估，但在我们看来，这 7

个传统类别同时也给出了信息解读。这一调整很有必要，因为我们发现，尽管信息在产品开发价值流的角色和材料在生产价值流中的角色一样，但是这一种浪费在企业评估中却常被忽略。表 7-2 显示了 7 个传统的浪费类别，以及它们在生产和信息上意味着什么。

我们在传统类别上增加了两个其他的类别：结构无能和机会成本，从而构成企业层面的 9 大浪费类别。表 7-3 显示了这 9 个企业层面的浪费类别以及它们在企业中意味着什么。

通过利益相关者、流程、度量指标、一致性、资源和成熟度的分析，浪费评估帮助你寻找明显断层。比如，企业可能实际在某些目标上的表现超出了预期目标，因为它过度关注某个领域，而导致损害了其他领域。有没有一些战略重点领域被忽略了？它的目的是通过识别出这些断层的根源而找到浪费的潜在来源。

◎ **企业流程**可能包含了浪费的来源。通过企业现有流程图和第 5 章所描述的流程资源分配，我们试图发现这样的分配是否和实际或预测的绩效相一致。如果不一致，为什么？我们同时试图发现企业浪费在流程和利益相关者间相互作用方面的来源。信息是否无缝地在企业流动？是否使用了共同的工具？有效吗？

◎ **结构无能**的浪费可能是由于太多层次的中层管理，倾向于将供应商视为对手，和合作伙伴间缺乏互联性和互用性或者无法建立确认和分享客户需求及价值的机制等引起的。

◎ **机会成本**的浪费可能是因为和客户之间距离过于遥远或不恰当的奖励 / 激励系统而引起的。它的原因可能是无法将知识视为企业资产，或其工作人员并没有动力。

表 7-2 传统的浪费类别

浪费类别	生产方面的例子	信息方面的例子
等候	无增值的闲置时间	因无法获得信息而产生的闲置时间
运输	材料、工具和部件的过量移动	文件、人和电子信息的不必要移动
处理	不为客户增值而消耗精力	对信息的处理超越了要求（比如，不必要的精确度）
库存	材料的累积超越了“准时化”的要求	没有在使用中的或者在制过程中的信息
移动	任何不增值的人为动作	由于信息系统设计不良引发的任何局部的人的移动
缺陷	任何不符合规格的东西	数据、信息或情报上的任何错误元素
过度生产	生产的比必需的更多，或更快	把超越需求的更多信息生产复制出来并向过多的人发送

表 7-3 企业层面的浪费类别

浪费类别	企业的例子
等候	因为过迟决策、繁重而过度的审批以及不同步化的企业流程而引起的闲置时间
运输	管理信息和人不必要的移动（包括电子上的），多重审批和传送
处理	不为企业任一利益相关者增值而消耗精力，可能出现在人身上，比如出现在管理层中或整个企业中
库存	任何企业资源达到不必要的层次：能力、空间、工作人员、供应商、信息 / 数据
移动	不增加利益相关者价值的任何人为努力
缺陷	因有缺陷的企业流程和决策而产生的错误结果
过度生产	任何不增加利益相关者价值的企业产出
结构无能	因不当的企业结构、政策、商业模型结构、一致性或战略而引发的浪费
机会成本	因失去机会而引发的浪费（比如，工作人员中没有利用到的人才）

这些只是企业层面的浪费的诸多成因的几个例子而已。

浪费常常是转型的核心关注领域之一，因为消除浪费能带来极好的改进机会。我们合作过的一家全球化海军服务企业中，其现有的机会包括消除来自核心企业流程的非增值的和/或浪费的步骤，而消除浪费最后也成为转型计划中最重要的因素之一。

作为分析的一部分，该团队通过企业浪费类别形成了一个详细的浪费清单，然后把这些集群化，形成如表 7-4 所示的若干“归类”。

表 7-4　　某海军服务企业的浪费

类别	浪费
客户	舰队与企业分离带来的机会成本
	1. 由澄清要求造成的返工
	2. 需要调度，是使用者为生成技术数据带来的机会成本
	质量复查和审核
	面向终端用户的价值主张不清晰
供应商	库存（人力和设施资源）
	由于要求不确定/变更造成的返工
	为达成高效的绩效评估所需的度量指标不充分
信息流	过度汇报，与企业目标不一致
	多重断裂的/未融合的信息系统
流程	多个浪费的和/或非增值的核心流程步骤
	企业外部流程互动上较长的等候时间
领导层	战略目标和企业目标不一致
	企业管理上的度量指标的低效利用
	度量指标定义不良，企业联结度较差
人力	被动的换届规划
	1. 失去知识转移的机会
	2. 最终造成权力真空

这一团队同时还花费大量时间分析了核心企业流程（见前文），以识别浪费的或非增值的子流程。通过这一举措，企业供应支持流程有三个浪费的子

流程和变革实施流程中有一个浪费的子流程得以识别出来。对这些流程的描绘揭示了可能达成的改进，给了团队一个和其他利益相关者互动的机会。而这反过来有助于传播对于转型的理解。这一个例子说明了通过研究浪费可以从现状评估中学到什么。

任何关于浪费的评估必须和成熟度评估联系起来。所以我们同时也检查了领导层、生命周期和赋能型基础设施流程中哪方面的低成熟度可以归结为企业层面的浪费。比如，高层投入不足可能导致项目缺乏支持而失败。同时，在大量无效行动上浪费精力时，员工们可能会越来越怀疑改进措施。

整合所有透镜

依据路线图所有步骤来定义企业现状对创建未来状态的愿景（见前文）很有必要。这些透镜能够揭示改进的机会。每一个透镜都产生了一系列的变革机会。它们说明了未来状态的愿景，以及最终说明企业具体转型计划和相关转型项目。

评估企业现状是升级企业层面的改进行动、促成企业转型的催化剂。它带来了对领导层流程、生命周期流程和赋能型基础设施流程在传递价值上的角色的更全面理解。这一评估流程至少和实际结果一样有价值。

当资源消耗和企业转型就绪能够结合对企业浪费的更深层理解的时候，企业的初始关注领域便越来越清晰了。你便能更好地理解那些有助于达成企业目标的资源应该在项目的哪里投放。

企业现状评估意味着的仅仅是，从企业整体角度而不是从个别职能领域出发进行评估，这一点尤为关键。诚然，如生产这样的传统职能领域得到了评估，但这是基于其在企业中的位置进行评估而不是把它们看作独立的业务单元。达成企业整体视角同时意味着评估领导层的战略因素以及它们和各流程的相互关系。所以，举个例子，一个重要评估领域可能是工程和运营之间的关系，这可能包含了评估生产及供应链问题等和产品设计流程的整合度。

基于我们的经验，评估企业现状必须讨论打造卓越企业的关键实践。现状评估是消除从高层管理者而下的各领导阶层认知差距的出色工具。我们通常发现最高领导阶层的投入度很高，然后就在下一层，经理们便“恕难同意”上级的认知。如果发现某个问题多由于沟通问题而不是观点内容造成的话，便为对话创造了机会，这比我们任何评估工具得到的任何分数还更有价值。

得到了结果，也得到了清晰的现状图景，你便已准备好去设想企业的未来了，这是下一章的主题。

本章要点

BEYOND THE LEAN REVOLUTION

◇ 资源分析研究的是企业成本在人力、材料和其他消耗上的分配，为资源消耗和企业整体战略目标之间达成更好一致性识别了机会。

◇ 理解企业各流程之间资源的分配有助于发现瓶颈。

◇ 如果企业的战略目标反映到了衡量绩效的度量指标上，如果这些度量指标有效衡量了企业流程的绩效，如果这些流程为企业关键利益相关者提供了价值以及如果企业战略目标反映了利益相关者价值的话，那么企业具备较好的一致性。

◇ 评估企业在领导层、生命周期和赋能型基础设施流程上的成熟度能够揭示变革能力上的特定差距，也可作为评估未来转型的基准线。

◇ 消除企业层面的浪费为改进和转型提供了有力的机会。

08

BEYOND

The Lean Revolution

准备转型

先告诉自己你想成为什么，

再去做该做的事。

——埃皮克提图

古希腊斯多葛派哲学家

尽管对现状的深刻理解为变革提供了机会，但转型的全面影响只有在企业具备一个有活力的愿景时才会实现。一个有活力愿景的必须是可行动、可发展的。这个愿景必须依靠高层领导间的相互协作构建出来。而且整个企业在实现该愿景的过程中必须都参与进来。

通过现状的特性描述以及通过七大透镜的分析而发现的机会，你可以在诸如组织结构、文化、流程和知识等关键维度形成一个愿景。这些各不相同的线索随之与细化的企业价值主张整合起来，创建了一个可以成功向所有利益相关者沟通的统一企业愿景，并借此赢得他们的支持。有了可行动的愿景，你便可以聚焦于企业关键差距，并捕捉战略机会。

不要把愿景陈述和可行动的企业愿景相混淆。两者都很重要，但它们是不一样的。愿景陈述可以很简单，甚至只有一个句子。有一些企业会把愿景陈述印在员工ID卡的背面，“我们力求提供卓越的客户服务”或者“我们的愿景是成为世界上销量、利润和整体客户满意度都最高的机械公司”等。

然而，大多数愿景陈述所缺乏的是它们没有说明当它们成为“最好的机械公司”或“能提供卓越的客户服务”时是什么情形。愿景缺乏看得见的元素。对比之下，可行动的企业愿景使它得以在新的环境之下以新的方式看待企业，使人得以理解在“最好的机械公司”工作是什么感觉或者想象客户对公司的评价。这一陈述中看得见的部分不适合放到员工 ID 卡的背面。它比愿景陈述本身更加动态，它唤起了特定的形象。

> 在 2010 年的上半年，在我们生活的那片区域，电视上充斥着某邮轮的广告。这一广告很好地说明了愿景陈述和可行动的企业愿景之间的差别。我们可以想象游轮公司的愿景陈述可能是“我们提供史上最好的海上假日”。但是，电视上的广告片展示了观众心目中度假是什么样子的。这则广告从一个少女的角度出发。讲述她正看着她的父亲在享受“最好的假期”。她说她认不出他了。他的行为对她来说完全陌生。他在跳舞，在享受，而不是查邮件和手机信息。刚开始，她仿佛有点吓到了。当 60 秒的广告片结束时，她完全融入最好的假期中。

某种程度上说，这则广告生动说明了企业愿景。它呈现出了最好的假期是什么样的，使这个女孩融入愿景中。整个家庭都被送到了一个全新的地方，我们这里不是指从船上 A 点送到 B 点。会有人看着广告，受到启迪，说：“哇！我知道什么是美妙的假期了。我想加入。”

愿景陈述并没有错，只是它对企业转型来说并不够。为此，你需要一幅关于你的企业在未来有什么形象、是什么样子的有力图景。

从现状开始

我们常常看到企业设想未来时不仅不分析现状，而且其第一步就是回顾过去。对那些曾经非常成功但后来却遭遇困难时期的企业来说尤为如此。每个人都渴望所谓的过去的好日子，未来状态的愿景最终在本质上只是在试图重现过去。“如果我们像几年前那样做的话”，领导层坚持称，“我们就会很好。”

很显然，那些日子到现在已经发生了变化。企业可能自身直接造成了它的失败，或者说它可能只是无法适应变化的世界而已，可能这里的客户和客户需求都发生了变化，有了新科技，竞争环境也不一样了。你如何能在没有评估现状的那些方面时，建立对未来的可行动愿景呢?

设想未来状态取决于清晰地理解企业在现有环境中表现如何，企业各流程运行得如何（单个流程和流程总系统），企业在满足利益相关者价值期望方面的表现如何。在沿着转型路线图回答这些问题的时候，应用前面章节所述的各透镜，你就能发现、识别、定义那些可改进企业绩效的机会。通常来说，通过企业评估可以发掘无数这样的机会。

但是仅仅发掘这些机会对企业转型来说是不够的。基于发掘出来的机会而建立一系列改进项目对企业转型也是不够的。要实现企业转型，你必须具备对于未来状态的整体企业视角，然后每一个项目便能够融入到实现这一未来的计划中。每个项目便能够作为一个总体视角，说明如何竞争以及传递利益相关者价值。

从现状分析到建立未来愿景的过渡必须慎重进行。要着手思考未来愿景的所有可能性，我们发现回顾其他企业未来愿景的案例很有用，或者更有用的是让转型团队练习建立愿景。这里有一个例子，是关于为发展美国陆军的系统集成工程（SOS SE）能力而实行的组织转型，其中包含对未来状态的描述：

> SOS SE部门引领了陆军工作的同步化，也促成了世界一流的集成式材料解决方案向作战人员的交付。在国际上它被公认为组织层面的交换以及提供框架、工具、数据库和知识方面新进展的领先案例。陆军中知识渊博的人员组成虚拟小组进行协作，通过集成式的SOS信息技术基础设施，进行系统集成分析并影响国防部的并购流程转型。

要记住你着手描述的这一理想状态也是可达成的。在我们开始思考企业的未来状态时，我们发现思考“拉动式系统”很有用。这一概念虽然来自精益生产，但很容易融入到企业整体视角中去。传统制造业应用的是“推动”式的概念，生产了大批量的产品，并经各下游流程把它们向客户推动，却不管这些流程是否已为此做好准备。本质上，拉动式概念从另一端启动，在企业转型的背景中另一端便是利益相关者。

通过对企业现状的评估，你得以识别出需要传递什么价值才能满足利益相关者。如果你回顾企业生命周期流程，一直到赋能型基面子设施流程和领导层流程的话，你可以由此回溯企业价值流，并在沿途中每一个点确认从上游流程中必须拉取什么才能供企业运行。每个流程必须如何运行才能满足下游流程的拉取，如果你就这一方面识别出相关特征，便已经创建了关于企业未来理想完美境界的系列有用特征。

设立长期目标

面向未来愿景，转型团队应该一起创建对于未来五到十年或更长时间内的系列目标。这里的第一步是取得对时间范围的共识，然后思考你希望企业在那之前达成什么。这些目标必须可以凝聚起整个企业。它们必须表达出，一方面这很难达成，因此实现它们不能出于偶然，而另一方面它又不能太遥不可及，无法鼓舞人们努力去达成它。

我们会把这每一个目标都当作“宏伟、艰难和大胆的目标”（Big Hairy Audacious Goal，BHAG），这是吉姆·柯林斯（Jim Collins）和杰里·波拉斯（Jerry Porras）在20世纪90年代中期提出的术语。他们将BHAG定义为“10到30年内朝着愿景中的未来前进的大胆目标”。我们已经把这一时间范围整合到企业的转型需求中去，而任何10年以后的东西通常都因为太遥远而难以融入可行动的计划。

柯林斯和波拉斯继续解释道：

> 一个真正的 BHAG 很清晰且有说服力，作为各种努力的凝聚点，也作为团队精神的催化剂。它的终点线很清晰，使组织知道它在什么时候达成了这一目标；人们愿意为终点线冲刺。

BHAG 的概念对企业转型来说非常理想，即使 BHAG 很难达成，但通过努力能够达成。我们发现依据经验法则，除非企业真的**延伸**了它的努力，否则应该建立那些只有 50% 到 70% 可能性可以达成的 BHAG。也就是说，BHAG 应该是延伸目标。

通用电气公司前 CEO 杰克·韦尔奇（Jack Welch）提出了延伸目标的概念，它指的是你无法通过小范围变革改进而轻易达成的目标。相反，你真正需要的是延伸、拓展自己来到达极致。它使你和你的企业超越现有的绩效水平，迫使你用不同的方式行事，达成难乎寻常的目标。延伸目标要求人们建立新的心态。不能仅仅通过更加努力工作而达成它。这再次强调了它极其需要领导层沟通 BHAG 的背后原理和它的可达成性。否则企业的人会当即拒绝 BHAG，认为它不可能达成。

一系列的 BHAG 中包含了可行动的企业愿景的因素。当我们帮助美国陆军某部门进行组织转型时，它的愿景陈述浮现了出来——“为美国作战人员提供决定性优势”。很显然，这一陈述一点都不能说明提供这一优势的组织的情形。BHAG 使它更真实，更具体。如果它们能够达成，企业便确实得到了延伸。这里是陆军某部门制定的 BHAG，每一个都是很宏伟、艰难而大胆的目标：

◎ 100% 根据陆军要求，在每一次都及时地配备材料，并减少 33% 的成本。

◎ 将要求的交付周期缩减 50%。

◎ 通过能提高可靠性并减少物流、能源和总生命周期成本的创新型研究、开发、测试和评估投入，缩减各系统 50% 的运营和维护成本。

◎ 达成 100% 的数据透明度和资产可见性。

◎ 成为一个受人尊敬的可信赖组织。

◎ 培养一支熟练、专业、不断改进的员工队伍，并赢得“最佳工作单位前十”的称号。

清晰说明企业未来的情形

在构建企业愿景时，你的团队应该考虑它怎样才能融入企业的“DNA”中。思考企业在达成这一目标时是什么样的，给人什么感觉。只是清晰表述愿景是不够的。建立愿景必须通过一种使它能为人所知，并能被企业各层级所有人员内化的方式，这样他们才能够将这一愿景直接与他们的日常工作联系起来。

你如何描述企业在达成愿景时是什么样的，给人什么感觉呢？一个很好的方式就是想象自己是一名记者，在企业达成目标和愿景后正在撰写企业的故事。你会如何描述你的经商方式？有什么样的证据能说明企业已经达成了它的目标？

在 2009 年，我们曾和麻省理工学院生物医药创新中心合作，当时它正在举行一系列的研讨会，将美国这一个广义上的药品开发公司的各利益相关者聚到了一起。这些研讨会有来自医药公司、保险公司、相关美国政府部门 [美国国家卫生研究院、美国疾病防控中心、美国食品药品监督管理局（FDA）] 和临床研究服务公司的与会人员。这些利益相关者构成了药品开发的新型联盟，即 NEWDIGS。

与会人员着力于为生物医药“生态系统”建立一个理想的未来愿景。他们的工作包含了想象自己是记者在愿景达成时描述该组织的情形。他们为他们所谓的“加工未来状态”写下了如下的话。

> **2019 年 8 月 20 日《华尔街日报》**由新的治疗进展而产生的第一个产品，一种抗癌新药已经进入市场并赢得了来自病患、私人保险医疗保险机构、倡导组织和包括食品药品监督管理局和医疗保险与医疗救助中心（CMS）在内的政府机构的大力称赞。卫生与公众服务部部长简·杜蒙特（Jane Dumont）对各利益相关者愿意携手合作大为称赞，说：“这种新的范式把从基础研究到完全药物吸收的转化时间从 17 年缩减为 4 年，把总体开发费用减少到 8.26 亿美元。”
>
> 这一过程应用了最新的网络技术和一种已大幅改进的临床证据基础设施，其标志包括持续实时的数据分享和所有利益相关者之间在整个价值链和生命周期上的完全透明度。成功的主要因素是新的“iHealth”技术，源自原来的 FDA 实时数据提交工具，是直接用于监控疗效和安全性的。它同时也有助于将疗效与支付系统连接起来。
>
> 卫生信息系统的标准的建立也是成功因素之一。杜蒙特部长说：“这促成了关于临床试验的新科学和思想的应用，其中包括适应性设计和大型的观察性、分期式释放。”
>
> 参与这一新流程的一位高管解释称：“我们已经成功地建立了一个涵盖所有利益相关者的学习型医疗保健系统。”

这一练习用于建立特定于企业各方面的多重未来愿景。针对“政策和外部因素的未来状态”他们写了这样的话。

2019 年 8 月 20 日《粉单》(*Pink Sheet*) Consumer Best Buy Drugs 的项目总监约翰·帕克(John Parker)今天宣布称，得益于制药行业进行全行业药物开发初期协作的崭新意愿，以及创新的风险分享式支付机制，病患治疗成效得到了大幅提升。

焦点回归治疗成效后，利益相关者和行业现在正共同协作服务病患，这使他们更容易获得高质量护理服务并提升了总体健康水平。

“制药行业借鉴了其他行业，把它们的产品看成不仅仅是单个可交付成品”，帕克说，“就像没有人仅仅购买一部手机，而是考虑整个手机与服务的打包一样，制药公司现在也提供打包形式了。”

其中一个例子是糖尿病患者，他们得益于整体疾病管理项目，多个公司提供不同产品，但它们是把这些都捆绑在一起，使医生可以提供统一而个性化的护理形式，使成本最小化，疗效最大化。同时还伴随诊断测试，这有助于识别出最有可能从靶向药物中受益的病患，所有病患都获得了更高的价值，制药公司也成功取得了某目标群体的市场份额。

帕克宣称:“这对所有人都是有益的，我们怎么知道这样做是对的呢?三年以来向临床疗效研究中心(CERI)申请的新药没有不获批的。”CERI 就新药治疗的效力与安全性以及其对于病患群体的整体有效性和价值为监管者提供意见。

表 8-1 提出了你作为假想中的记者可能需要解答的具体问题。请记住你的回答是关于未来的，你写下来的东西应该讨论企业这一特定领域已识别出的机会。

表 8-1 未来愿景的相关思考

类别	思考
客户	客户关系是什么样的
供应商	企业如何和供应商 / 合作伙伴互动
信息流	信息是如何处理的？人们是如何获取它的
流程	新的流程结构是什么样的？各流程如何与价值流相互作用
领导层	企业领导层有什么特征？企业绩效如何衡量
人	员工的工作环境是什么样的？有什么样的组织结构可以支持企业愿景

随着你逐一思考表 8-1 的问题，你一定会思考达成未来愿景的影响。这一愿景将会影响到领导层和公司员工。它是否将企业优势最大化，将其劣势最小化？这一愿景是否挑战了现有的组织文化还是能支持它？（这一问题的答案能够说明转型计划的某些方面）这一愿景中的企业如何应对现在和未来的机会以及威胁？取得诸如此类的问题的答案，是确保这一愿景的可发展性以及确保该转型计划能适应内部外部变化的重要因素。

使企业基础设施一致化

在这个时候，你已经差不多一切就绪，可以制订转型计划了。在识别出你的计划中那些可以消除差距的项目之前，路线图的规划循环的最后一步是使企业结构和行为一致化。

如果没有赋能型企业基础设施，包括必要的部门、系统、政策、度量指标和激励的话，是无法实现愿景的。这些基础设施必须到位才能够支持推动企业转型。这里也是时候确保企业具备那些你成功所必需的变革因子了。尽管这本书的方法属于高层领导推动式，但我们一直都在强调各层级的领导层的重要性。这些变革因子就是那些领导你的转型计划中的变革项目的人。

使企业一致化的第一步在于其组织。

企业的结构是否支持转型

这里要研究的第一点是企业结构，这里指这一术语最广义的定义。主要的问题是企业结构是否支持该愿景或变革需求。如果答案是它必须变革，那么你需要思考这些变革应该是什么样的，然后着手为转型计划来筹划它们。在企业明确描述的这一愿景的背景下便浮现出新的组织结构。

举个例子，你识别出的一个 BHAG 是彻底简化新产品上市周期，并通过设计易于生产的产品来达成这个目标。通过杜撰的报纸文章作为愿景的一部分，你清晰地说明了实现这一愿景时的整体环境图景。现在你必须研究现有的组织结构，识别哪些需要变革。

可能你的企业由界限分明的的产品工程及生产部门而组织起来。你的设计、生产和质量工程师等是如何互动的？他们是否展现了漠不关心的心态，很少协作甚至无法有效沟通，只是把工作移交到其他部门呢？为了彻底达成简化新产品上市周期的目标，你可能需要思考如何利用供应商及其生产专长来达成该目标。可能你会组建跨职能领域的虚拟团队。又或者你会让设计工程和生产工程两个团队一起协作，甚至让供应商代表也到场，作为新采购流程的一部分。

所有这些选择都显示了企业的组织结构在进行重组。软件开发商 ZED 此前决定重组集成产品与流程开发（IPPD）产品线，达成类似的目标。该企业为转型计划识别出的六大意见中，有一半都是具体关于企业的组织形式的。这一计划包含了设立创新卓越部的副总裁职位，此人直接向董事会汇报，同时负责质量与流程。其内部的“投标”部门，负责 ZED 公司预期开发项目的方案和缔约，将在确保每个投标的一致性和完整性方面发挥更大作用，同时负责与投标相关的分析和反馈情报。

可能其中最重大的是，ZED公司决定设立项目管理实践的有效矩阵结构，培养能支持企业发展为中等规模软件公司的浓厚的项目管理文化。该企业认为这对发展相关的组织能力和才能，以简化实现战略目标所必须的项目是极端重要的。这样批量重组为矩阵组织的举措被称为更适合ZED现有的“项目化心态”，并预测可利用ZED公司开放式、快节奏的工作环境中现有的优势。同时，管理层将从矩阵组织中受益，因为这有助于领导层把重心放在关键利益相关者和项目上。

但是，ZED公司注意到了转型的动态特征，它表示它所选择的重组方式可能随着企业更多关注产品和产品基础而必须进行调整。

ZED公司通过学习认识到，只要企业存在可以支持转型计划的一致性，就是在向成功迈进。

有了将企业基础设施一致化的所有因素，你可能会发现对你的转型计划很重要的其他断层。比如，激励（或者缺乏激励）可能是一个问题。你将要实施的所有变革可能需要人们拥有不同的技能组合，并通过企业异乎寻常的方式加以沟通。你的激励是否到位，以促动这些变化？作为企业一致化举措的一部分，你将提供什么奖励并认可这些举措？

企业的信息系统是否支持转型

信息系统是每个企业的重要成分，它们需要支持企业成功转型的愿景。将信息系统一致化意味着确定需要改变、创造或者获取的东西。你必须思考各系统是否以能支持组织结构变革的方式与彼此进行沟通。

企业信息系统的一致化为识别断层及如何减少浪费提供了另一个机会。其中一个例子就是重组IPPD产品线以简化上市周期的企业。不同部门中的各组工程师用的是不同的 CAD/CAM 应用，他们无法通过电子方式分享设计图纸。对企业信息系统进行一致化需要解决这些应用之间的不可兼容性。

同样，这一个企业当时也需要确保，相关的利益相关者在从概念到设计和生产，甚至到支持和维护环节的整个过程中都能获取工程和产品数据。工程师需要信息系统驱动的机制，使他们可以无缝地沟通和分享这些数据。只有当系统实现一致化，而且数据得以自由分享的时候，该企业才发现它以三种不同的方式生产了三种一模一样的设备，其部件号码各不相同。

取决于你如何定义企业，你将会需要问自己一系列问题，来将信息系统一致化。信息需求是什么？你的系统能满足这些需求吗？多重系统是否旨在满足这些？有了这些答案，你就可以使各系统合理化，并决定是否可以整合或消除其中某些系统——这可以作为转型计划的一个项目。你同时还得确定你首先需要的是哪个系统，因为它们对你的转型以及确定如何满足这些需求来说都很关键。

企业的政策是否能够促进转型

现有的企业政策通常都会阻碍愿景的实现。这些政策不一定不好，但并不是为愿景中的企业而构建的，因此并不适合。这些政策需要改变，并与企业愿景一致化。比如，你的愿景可能是建立一个更加协作的团队环境，但是企业可能会奖励个人努力，而忽视了团队努力。很明显，这样的政策将成为成功的绊脚石，需要对它进行调整。

我们知道的另一个企业将与供应商建立合作伙伴关系设定为目标之一，但它设立了严格的政策，将数据保管于企业内部，很少与利益相关者分享数据。还有另一个企业设立了大幅度减少成本的愿景。这一目标需要为整个企业的利益相关者赋权，让他们采取行动，但组织的政策却是将所有成本数据限定在会计部门之内。

总而言之，你必须检查企业政策，识别出阻碍促进愿景的新行动方式的政策，并采取恰当的一致化措施。

企业的度量指标是否适合转型

你如何能知道已经实现愿景了呢？一个可行动的企业愿景，由企业层面衡量愿景实现进展的度量指标进行支撑。

基于现状评估的大背景之下，我们在前文中详述了企业度量指标的重要性，以及如何设计能支持企业转型的绩效衡量系统。现在，在已经清晰说明了可行动的企业愿景后，你需要确保绩效衡量和你理想的未来状态完全一致。你的度量指标需要和 BHAG 相一致，这是设想企业未来状态的一部分。

识别企业内部的变革因子

每一个成功的企业转型都需要自身有大量关键的变革因子来引领这一行动。他们不一定都是高层领导。他们可以是技术领袖，也就是接受了某种正式变革方法（比如六西格玛）培训的人。或者也可以是那些相信他们能帮助企业提高效率及效力并愿意投身于这一任务的利益相关者。虽然可以通过利用企业外部导师的知识和能力获取一定帮助，而且这一协助在变革初期可能很有用，但企业必须发展自身的能力。这是确保企业转型融入组织 DNA 的唯一方式。因此，必须识别出内部的变革因子。

变革因子需要实行企业各层面的转型，需要识别出组织中潜在变革因子在哪里。它们是分散的，还是只在一两个职能领域内？建立企业计划包含了，你需要将某些变革因子移至将会需要它们的地方。如果你还没这样做的话，这里便是时候设立转型委员会了。最终，企业中所有人多多少少都会成为变革因子。

为了在缺乏变革因子的地方创造出一些因子，你可能需要进行培训和教育；为了实现转型变革并取得成功，你需要对变革因子授权。你将会需要思考这一要求对你的组织结构、激励和政策意味着什么。有时候，那些发现项目失败，并且觉得企业没有采取转型视角的变革因子会选择离开，在别处追求他们建立起来的理念。

一旦你将企业基础设施一致化之后，你便已一切就绪，可以沿路线图前进，建立企业转型计划了——这是下一章的内容。

本章要点

BEYOND THE LEAN REVOLUTION

◇ 在企业具备一个可行动、可发展的充满活力的未来愿景时，才能实现转型的全部作用。

◇ 这一愿景始于现状，以依托现实，但它还描述了企业成功实现某些宏大、艰难而大胆的目标时的情形。

◇ 转型中的企业清晰描述了愿景后，必须将企业基础设施与愿景目标以及企业行为一致化，以确保人们能够实施转型任务。

◇ 每一个成功的企业转型都需要自身有大量关键的变革因子来帮助引领这一行动。

规划转型

不要害怕一步迈得太大，

毕竟你不能迈两步跨过深渊。

——大卫·劳合·乔治

英国财政大臣、陆军大臣，英国首相

你已经收集了企业方方面面的信息，包括战略目标、利益相关者价值、企业浪费和不一致性。你也已经分析了各种各样的信息，识别出企业若想要实现理想的未来愿景，需要填补绩效衡量系统上的哪些断层。现在是时候转向企业转型规划流程了（见图 9-1）。

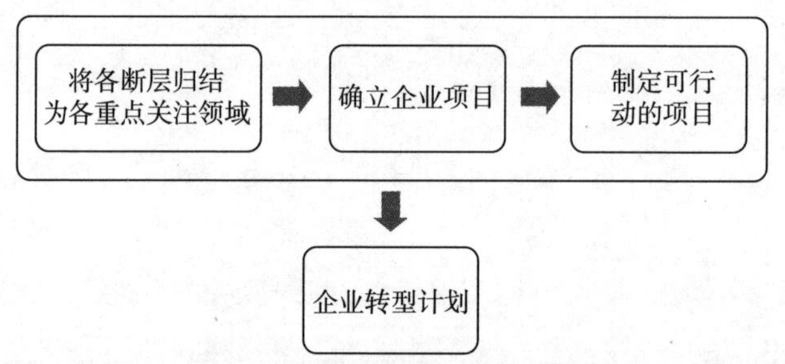

图 9-1　企业转型规划流程

转型规划流程直接与数据及分析相关联，这是确立及执行转型项目的基础，转型规划必须可以回溯到这些数据。转型规划的第一步是识别企业的重点关注领域，也就是企业必须集中转型力量的领域。接下来是识别和筛选出转型团队认为将能够驱动企业转型的项目，并对它们进行排序。

我们已对这些项目在资源、与其他项目的联系以及预期成果方面已经进行了细致考虑。它们涵盖了企业需要关注的领域，但是还需要使它们变得可行。在基于战略层面而制定各项目的行动措施后，整体转型计划开始浮现出来，同时浮现的还有相关的长短期项目、执行项目的结构和次序，以及转型的治理方式。

要理解转型规划流程是如何进行的，可以想一想半导体芯片生产商ChipDesign公司，它面临着源于企业发展以及核心技术重大变革上的重大挑战。比如，ChipDesign公司制造芯片用的是直径200毫米的晶片，而大多数的竞争对手用的是直径300或450毫米的晶片。直径更大，则芯片生产成本大幅缩减。但ChipDesign公司为处理更大型晶片而升级现有设施的成本极为高昂，甚至比建造一个全新工厂的成本更高，因而它面临的挑战更为严峻。

尽管存在技术上的这一劣势，但是ChipDesign公司一直以来都能够签署新订单，生产更多的芯片。所以它的转型行动必须着重于通过缩减成本、提高产出同时维持其底层技术不变而保持竞争力。

ChipDesign公司的变革挑战是打造一个具备足够的灵活度、能够满足客户当下需求，并满足不断变化环境中的未来需求的企业。ChipDesign公司需要确立起一个使它能够最大化地利用未来十年生产能力的长期战略。另外，高层领导必须营造一种“认定变革是一个长远工程”的企业文化。尽管产品开发需要花费一两年，但产品开发后通常需要三四年才具备生产能力。大多数人认为这个时间长度与半导体芯片严格的生产条件有关。

ChipDesign公司的领导团队为了解决这些问题，基于所有七大透镜作为制订转型计划的基础而进行了分析。

识别重点关注领域

各重点关注领域是企业转型的杠杆。它们作为前面几个章节所描述的离散分析的结果浮现出来，它们作为综合体揭示了需要填补的断层，它们是发掘出来的可以填补这些断层并使企业从现状转变为理想未来状态的机会。这些机会共同构建了企业重点关注领域。

将现状与未来愿景作对比，你便能识别出最需要关注的流程和职能领域。我们发现你需要回答这一问题：基于你对企业现状的了解，为什么其未来状态在当下无法实现？也就是说，是什么使得企业无法在现在拥抱未来？通常来说，可以通过回归到现状评估来得出这一个问题的答案。把利益相关者价值和企业传递利益相关者价值之间的断层清晰地表述出来。思考企业战略目标是否与利益相关者从企业得到的价值相一致。你必须回归到那些度量标准上去。它们是如何衡量企业绩效的？它们的衡量是否能帮你评判那些有助于达成愿景的进展？

到那时你将能够识别出企业中显而易见的浪费。可以消除它们吗？需要付出什么才能做到这一点？观察企业中的相互关系，如何能够简化它们？

这样的模拟将帮助你具体说明企业从现状转变为未来状态需要什么。清晰表述优先度最高、影响最大的前五或前六个重点关注领域。确定这一行动是否需要额外的资源、技能、能力或技术。算出实现企业转型的可行时间跨度。你便会离企业转型计划的必备条件越来越近。

ChipDesign 公司团队通过一个模板（见图 9-2）来捕捉此前识别的 30 多个断层和机会的相关信息。该模板的关键价值是它可回溯到各分析透镜，而透镜是揭示断层的工具，因此这使得所有计划都能追溯到实际数据。图 9-2 涉及通过非标准流程来管理 ChipDesign 公司的测试晶片。在芯片的生产中，考虑到生产质量不佳的巨大代价，人们便在生产流程中的不同阶段使用测试晶片，来核实并验证流程和产品质量。单个生产晶片可最多使用三个测试晶片。

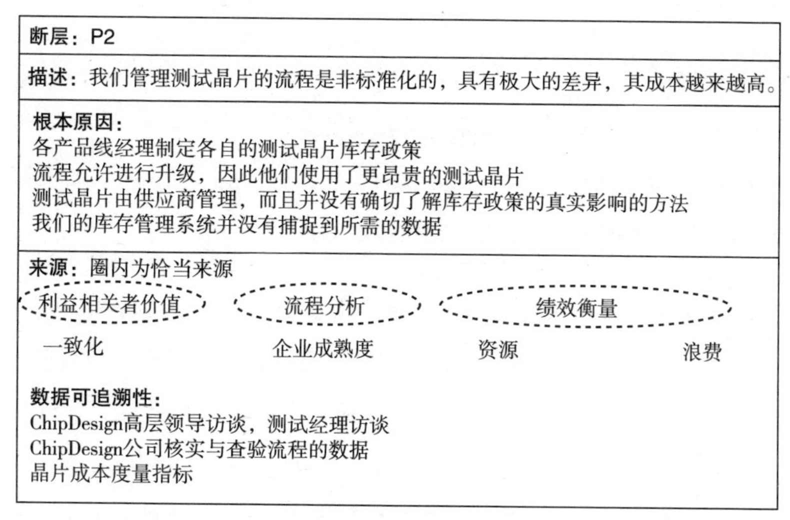
断层：P2

描述：我们管理测试晶片的流程是非标准化的，具有极大的差异，其成本越来越高。

根本原因：
各产品线经理制定各自的测试晶片库存政策
流程允许进行升级，因此他们使用了更昂贵的测试晶片
测试晶片由供应商管理，而且并没有确切了解库存政策的真实影响的方法
我们的库存管理系统并没有捕捉到所需的数据

来源：圈内为恰当来源
利益相关者价值　流程分析　绩效衡量
一致化　企业成熟度　资源　浪费

数据可追溯性：
ChipDesign高层领导访谈，测试经理访谈
ChipDesign公司核实与查验流程的数据
晶片成本度量指标

图 9-2　断层识别模板

对 ChipDesign 公司来说，减少企业总体成本是一个关键的战略目标，因此理解测试晶片的使用这一企业总体成本的一大成因十分重要。ChipDesign 公司的领导团队在收集数据的时候，发现他们缺乏管理测试晶片应用的标准流程。产品线经理（他们各自负责某特定芯片的开发）实际上自己定义所用的测试晶片类型和生产所需的测试晶片的库存数量。对利益相关者、流程和度量指标的分析显示，若干生产线为了按期完成生产，应用的是高质量、成本最高的测试晶片，因为他们实际需要的测试晶片不在库存中。由于缺乏标准的库存管理流程，企业很难识别出成本攀升的根本原因（无效的晶体测试）。

在企业愿景的背景下，这一断层便成为改进的机会。基于这些断层的性质，可识别出大量的机会。需要指出的是，在我们的背景下，断层和机会之间

单向或双向上都存在“一对多”的关系，这一点很重要。也就是说，一个机会可以解决多个断层，一个断层可以通过多个机会而解决。当这些机会汇聚起来，将这些断层的覆盖面最大化并且两者之间的联系进一步增强后，重点关注领域便浮现出来。

ChipDesign 公司的 CEO 知道，企业要想在下一个 10 年中继续存活，就必须变革企业。她知道她的优势是企业文化注重数据驱动型决策。然而，这一文化注重规避风险，并抗拒任何行之有效的事物。该转型规划流程使她能够通过这一数据驱动型的决策文化来克服它对转型的抗拒。

为 ChipDesign 公司所打造的愿景聚焦于重塑企业，通过将现今的价值创造方式的效力最大化，并为未来打造新能力，使它得以满足现今的需求。这一愿景清晰表述了在接下来 5 年中将企业总成本降低 20% 的需求。另外，这一愿景呼吁在同一时间段之内把研发投入提高到两亿美元。高层领导觉得现今的需求可以通过综合人力、流程和技术的力量而解决，而未来的需求将会通过打造新战略和开发人力资源而解决。

将 ChipDesign 公司的机会和断层汇聚在一起后，四个重点领域便浮现出来：成长、人力、卓越运营及信息整合（如表 9-1 和表 9-2 所示）。其他我们处理过的典型重点关注领域包括领导层、企业流程、供应商、客户和政策。

表 9-1　　确定 ChipDesign 公司重点关注领域（I）

重点关注领域	解决的断层
成长	SV1：现阶段我们并没有一个使我们得以在下一个 10 年中都保持竞争力的成长战略 SV4：员工对于公司的远期计划，无论是技术或流程上的，都知之甚少或一无所知 SV6：我们的决策流程迟缓且脱节

续前表

重点关注领域	解决的断层
	A1：我们的职能结构使得产品线之间无法分享知识，而这对我们的长期竞争力来说必不可少 A2：每条产品线的负责人都相信他 / 她的问题最应优先处理。就成长而言，我们需要对战略目标有共同的理解 A3：我们的战略目标和利益相关者价值不一致（比如，成长与学习） P4：我们的企业文化基于将各部门分隔开的“厚重围墙”，这导致各种信息存在于整个企业的各垂直领域中
人	SV2：我们现今的学习项目无法有效支持为满足未来需求而对人力资本的开发 SV4：员工对于公司的远期计划，无论是技术还是流程上的，都知之甚少或一无所知
人	A1：我们的职能结构使得产品线之间无法分享知识，而这对我们的长期竞争力来说必不可少 R2：骤然加速成长的结果是聘用了大量有资格同时轮休的员工，如果超过两个人都不在场将造成人事危机 A3：我们的战略目标和利益相关者价值不一致（比如，成长与学习） P5：公司不同班次之间没有建立起正式的知识分享机制。存在的少量分享几乎都仅仅是因为中层经理之间的私人关系的缘故 P4：我们的企业文化基于将各部门分隔开的“厚重围墙”，这导致各种信息存在于整个企业的各垂直领域中

说明：利益相关者价值（SV），流程（P），绩效衡量（PM），企业成熟度（EM），一致性（A），资源（R），浪费（W）。

一个清晰定义的未来愿景使人们更容易看清和理解现阶段表现中的断层。一旦识别出重点关注领域，转型小组便能够界定出多个企业项目——影响企业整体并促使企业从现状转变为理想未来状态的项目。

生产是 ChipDesign 公司的企业流程之一，但是流程分析显示，每个周期中只有 35% 的时间产生增值。如果该周期中剩下的 65% 的时间可以进行改进，那么企业整体的运营卓越程度将会大幅提升。

之前我们指出 ChipDesign 公司非常抗拒改变任何人们感知可行的事情。生产线的经理个人觉得尽管这个系统并不完美，但对他们为客户生产和交付高质量芯片来说，其运作还是足够良好的。但是这一分析却揭示了生产流程中的一个关键部分——测试晶片的使用，是完全即兴的。ChipDesign 公司并没有维持一定的测试晶片库存。但是，决定用哪一种晶片、用多少、用于哪一个流程环节、在什么时候使用，一直以来都通过一个非标准化并且极端耗费劳力的流程来决定。所有的产品线经理都以不同的方式行事。ChipDesign 公司确实通过某种软件来检测每一条产品线测试晶片的可用数量，当数量跌至某个固定的最小值以下便发出通告。但是，由于注重降低成本，人们便不去关注软件的提议信息，除非他们可以使用低廉的测试晶片。这一行为导致了非标准化的运营，因为同一个班次的其他员工必须口头说明他们的需求，这增加了不必要的工作量。尽管这一方式可潜在优化局部成本，但是它也导致了其他产品线和生产班次的缺货，最后导致那些生产线和班次使用更加昂贵的测试晶片，推高了整体企业成本。

当评估利益相关者与提供这些测试晶片的供应商之间的价值交换时，很显然 ChipDesign 公司无法准确评估测试晶片的性能。他们对于供应商在什么时候以及以何种方式交付这些测试晶片的理解很有限。原因之一是用于管理供应商的信息和管理生产运营的信息储存在不同的系统中，而这些系统无法进行交流。

ChipDesign 公司生产部执行副总裁柯克·诺斯特姆（Kirk Norstrom）认识到如果建立起管理测试晶片的标准流程，将带来两个主要成果：一是企业整体成本减少 10%。二是正确的测试晶片的可得率提高到 95%。尽管库存水平不会大幅降低，但是它对企业整体影响将是革命性的。

项目领导对各自的职能领域必须负起责任、具备权威、实施问责，同时还必须理解该项目对企业整体影响。识别出关键人物是成功的关键因素，而且很有必要对他们就这些项目赋予同样的责任、权威和问责。负责生产和供应商管理的副总裁们都很理想。柯克感觉到，尽管这一项目对彻底变革企业的运营方式有着深远的潜力，但它可以由一个六人组成的小团队来执行。他相信，一个合适的团队能够进行有效分析、维持战略视角，同时还能够解释运营现状的背后原因。这一团队对 ChipDesign 公司的生产和供应商管理的集体认识，以及其信息技术能力使他们能够适应这一职位。

图 9-3 是一个捕捉企业项目信息的模板。填写它可为 ChipDesign 公司的项目建立管理测试晶片的标准流程，而这一案例会贯穿这一章。有了这一模板，你便可以将制定项目的过程标准化。这 11 个方框捕捉了所有相关联的信息。

◎ 创建者（方框 1）界定了是哪位高层领导定义了项目在企业中的范围。

◎ 项目起了一个简洁的名字（方框 2），集中说明了进行该项目的原因。

◎ 重点关注领域（方框 3）说明了项目的影响范围。

◎ 项目描述（方框 4）基于其名字进行拓展，详细说明了项目的目的——即正在试验的宏大想法。

◎ 该模板的另一个目的是确保定义项目时所作的设想得以记录下来。将解决的断层（方框 5）应该通过某种编码系统，或我们所谓的断层号码来加以识别。在 ChipDesign 公司这一案例中，这些断层被编码为 P（与流程相关）、A（与一致性相关）和 SV（和利益相关者价值相关）。

◎ 预期成果（方框 6）应该涵盖有形和无形的成果，后者的一个例子是“提高公司士气”。

企业项目定义模板

1. **创建者：**
柯克·诺斯特姆（EVP生产）

2. **名字：**
为管理测试晶片定义标准流程

3. **重点关注领域：**
卓越运

4. **描述：**
我们和测试晶片使用相关联的成本比竞争对手高得多。另外，我们无法确定在不同生产线应用测试晶片上的重大差别背后的根本原因。我们通过"手工上胶"来局部优化测试晶片的使用，但在企业层面，我们的库存经常中断，生产线和其他班次拿到手的晶片是不合适的。我们无法得知供应商在何时以何种方式交付和管理晶片

5. **需要解决的断层：**
P2——没有应用于测试晶片的标准流程
A4——信息系统不包含同样信息
SV6——决策缓慢且脱节

6. **预期成果：**
这一项目可带来以下可量化成果：
——测试晶片库存减少10%
——确保95%的几率可获取到合适的测试晶片
——企业成本减少10%

7. **正在进行的相关联行动：**
我们现今正在进行如下举措
——ERP/PDM整合项目（在进行中），目前并没有涵盖供应商管理的库存
——标准的预防型维护措施（作为企业项目提出）
——我们同时面临的重大挑战是明年必须交付新的芯片

8. **时限：**（周期1）
短期—小于一年　中期——到两年
长期—大于两年

9. **领导层候选人：**
史蒂夫·伊夫（Steve Ive，生产部副总裁）和乔民·乔布斯（Jony Jobs，供应商管理副总裁）

10. **支持部门：**
这需要和流程设计团队以及产品开发团队进行协作

11. **所需资源：**
这将需要来自三个领域的人员参与，生产、供应商管理和信息技术。这一新团队将很有可能从每个领域抽取两个人，也产生系统开发成本

图 9-3　企业项目定义模板

◎ 现今的企业倾向于采取多重变革举措，这些行动有可能重复，或者更甚，它们可能直接构成相互矛盾。"正在进行的相关联行动"这一方框(方框 7)，把所有相关联的此类行动都涵盖在内，因此在将来制订转型计划的时候，便可以决定执行哪一步、否决哪一步。

◎ 一些企业项目是短期的，会在一年内显示出成果（或更快），而长期项目的影响可能在几年内都无法看到。在两种情况中，方框 8 都明确说明了它的时限。

◎ 在前面几章我们讨论了将领导力分布到企业中的重要性，以及确保领导层要为其行动担负责任、具备权威、进行问责的难度。在领导层候选人这一方框（方框 9），转型团队识别出那些可成为变革因子并且拥有用于制订可行转型计划的必要领域知识的个人。

◎ 企业项目在性质上跨越了各职能的界限，可能也跨越了组织的界限。在"支持部门"这一方框（方框 10）中，转型团队识别出其他需要被涵盖在内或参与这一项目的相关联个人和部门。这一部分至少应该识别出那些必须参与到该项目或受其影响的关键利益相关者。

◎ 方框 11 识别出该项目时间、金钱和人力方面的必需资源。

根据理想未来状态的性质以及企业为转型的规划和实施充分投入资源的能力，可识别出的企业项目比能实施的更多。企业项目的筛选和排序对转型的成功来说非常关键。

整体上来说，对项目的详细说明避免了某些有损于转型的最常见陷阱：领导层缺乏担当以及项目资源投入不足。

企业项目的筛选和排序

根据我们的经验，企业项目一般数量在 10 到 15 个之间。尽管某些企业只有若干大项目，但很少情况下少于 10 个。如果超过 15 个，可能导致无法管理，转型团队需要根据依企业而异的筛选指标缩减到可管理的规模，这些指标包括其针对的断层数量和性质、项目预期作用和它们与企业愿景的一致性程度。转型团队可能会决定将某些项目优先于其他项目，因为这些项目会在近期就展现出成功，又或者它们能满足关键利益相关者的需求。无论这些指标是什么，在团队达成共识决定选取哪些企业项目之前，都无法继续进行转型规划流程。

ChipDesign 公司转型团队识别出其 4 个领域内的 12 个项目。这些项目代表了团队关于最应关注哪些领域方面的共识。图 9-4 展示了这 12 个项目。

一旦他们选取了可管理规模的企业项目后，ChipDesign 公司团队便制定了一个依赖关系图表，来得出预期的执行顺序。图 9-5 显示了所选项目间基于项目先决条件的依赖关系。这些可以是成功完成的另一个企业项目，比如，制定新的预防型维护流程以及测试晶片管理流程，应该发生在建立整合这一切的企业信息系统之前。另一处依赖关系可能在于项目之间资源分配的交换上，一个项目可能需要借助其他项目的变革因子才能实现。制定依赖关系图表为改进已选项目提供了另一个机会，包括在必要时重新定义某些项目的机会。ChipDesign 公司通过这一图表使一系列的依赖关系浮出水面。

成长	人	卓越运营	信息技术
制定人力资本开发项目	通过沟通提高转型意识	制定标准的维护流程	调和历史遗留的各系统，打造整合式系统
定义成长策略和技术路线图	向所有员工就我们的转型方式和工具进行教育	定义管理测试晶片的标准流程	制定新的绩效衡量系统
打造一个跨职能的组织	定义不同职能群体间共同的度量指标	制定各班次间的知识分享流程	制定新的信息分享方式——既是可视化的，也是基于网络的

图 9-4　ChipDesign 公司筛选出的企业项目

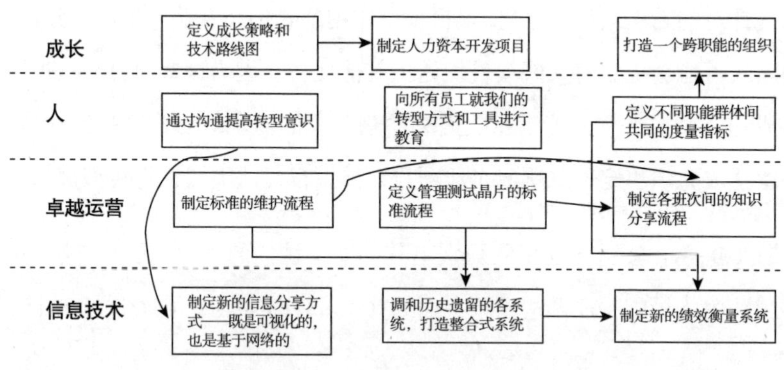

图 9-5　企业项目依赖关系图

将这些项目相对重点关注领域描画出来，并将它们之间的依赖关系用图表记录下来，这是对预期转型轨迹进行可视化的第一步。以上的项目描述和图、表一同说明了转型团队的战略决定。但是，制订具体转型计划的另一部分（关于执行什么以及如何执行的最终决定）还未生成。

制定可行动的项目

企业转型团队的成员可能已经确定了企业层面的转型项目，但是企业变革因子需将它们转化为可行动的项目。变革因子在项目描述中被识别出来，并基于他们对这一项目及相关背景的了解而被筛选出来。

通过分析企业项目而得出的子项目集合可分成三大类，以连续统一的形式呈现出来。

◎ **只管去做项目**（JDI）是为了转型可以继续进行而必须实施的项目。JDI 项目针对的问题的解决方案是已知的，重点就是实施它。

◎ **改进项目**（IE）之所以实施是为了就某个感知到的问题获得更深入的了解，通常来说持续一天到一周。完成一个 IE 项目经常使他们得以识别出其他需要实施的项目：可能是一个 JDI 项目或者另一个 IE 项目。

◎ **变革项目**（CP）是 JDI 和 IE 项目的大型集合，它的实施是为了达成产生可量化成果的独立目标。

ChipDesign 公司的生产部执行副总裁柯克·诺斯特姆启动了所谓的“接球式”流程，即把指定测试晶片管理标准流程的企业项目（见图 9-3）交给两位领导层候选人——负责生产的副总裁和负责供应商管理的副总裁。同时，他为他们提供了必备的资源来改进这些项目，使之可行。这些变革因子确立了一系列的五个子项目（见图 9-6）：两个 JDI，两个 IE 和一个 CP，使他们到达可以建立标准流程的程度。这些都和用于企业项目描述的数据所显示的内容，以及他们认为使转型得以持续所需的行动相符合：将测试晶片库存描画出来，为现有的测试晶片管理流程制定基准线，制定相应的库存管理战略，定义新的测试晶片管理流程，以及最后还有在企业中应用新开发的流程。

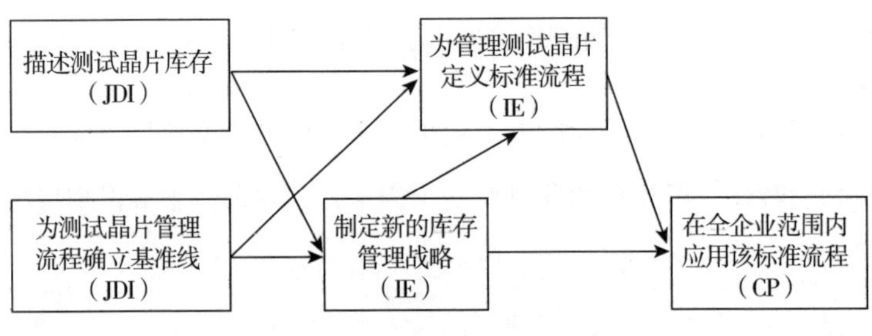

图 9-6　使企业项目可行

所有的子项目都可以用图 9-7 的这一模板来描述说明。它和企业项目说明模板（图 9-3）一样，抓住了项目背景和执行流程。这一模板简明地说明了项目的预期影响和它的难度。它包括对该项目进行全新的简明论证，以及说明预期成本和节约量。与该项目相关联的所有关键人物都被识别出来。对图 9-7 所示的具体项目而言，生产总监被推举为负责人，因为他对最终确立标准流程负有责任。他为该项目分配了关键的利益相关者，有来自生产线的人、班次管理的人以及来自持续改进团队的一名训练有素的“黑带”专家。后者的角色是和其他团队成员一同协作，捕捉、合并并分析相关数据。

这一项目被分类为 JDI，因为它是形成标准流程的必要前提。对低难度的预期，说明生产线负责人和班次管理人拥有测试晶片管理流程方面的局部定义良好的内部政策，并且能从之前执行的项目中获取充分的记录，可以为测试晶片的获取、使用和处理方式制定有效的基准线。对高影响力的预期，是因为他们认为设立基准线将使团队得以确立符合运营现状的相关要求，潜在结果是通过变革而减轻断层的情况。

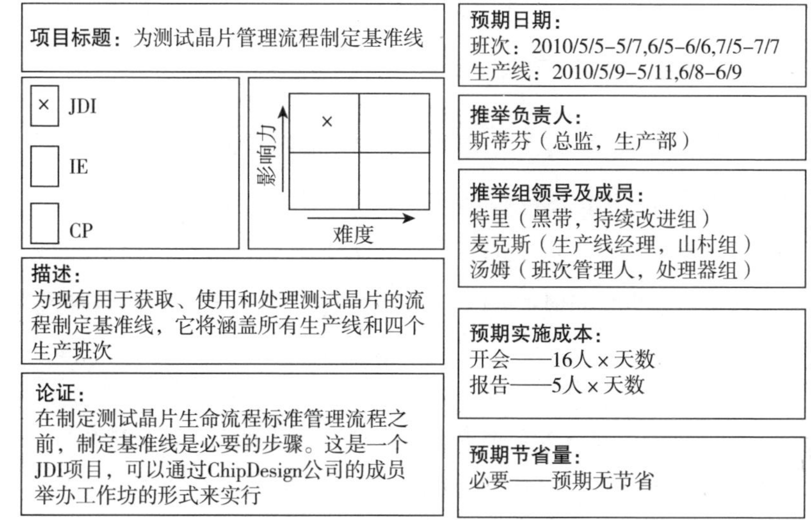

图 9-7　定义子项目的模板

为达到可以从多个角度看问题的最大化能力，该团队决定为生产线和班次的流程分别制定基准线，这从执行时间表就可以看出来。该团队同时内置了一个和关键利益相关者进行回顾的日期，以获取更多关于制定基准线的支持。

记录并分享转型团队的假设，为企业变革因子带来了有效质疑这些假设的机会，并在他们认定需要的时候为项目修正提出理由。这一“接球”式流程有助于在企业各层面之间就所需执行的项目性质达成一致。如果执行得当，结果将是就转型的原因和方式争取到更多来自企业全方位的支持。

制订转型计划

转型计划将企业变革因子制订的可行动项目的计划整合到了一起。转型团队解决了项目之间的矛盾，确保整体计划的可行性。有了单个整合的转型总计划，你可以为转型目标设立明确的进展里程碑，也可以按照需求分配资源。为制订转型计划对资源组合，以及为必须进行的项目之间的依赖性进行分析，这些为项目可行性进行了第一道测试。

企业错误地认为，实施常规项目的能力自然而然意味着他们能够有效地管理转型项目的执行。但是这些工作的性质有着重大差别。转型项目本质上是累积性的，当所有项目如预期所运行，企业能够成功管理意外的副作用时才能取得成功。这就需要进行治理——转型计划中的这一重要因素常常被排除在人们的讨论之外。

就 ChipDesign 公司这一案例来说，CEO 对四个重点关注领域和与之相关的项目进行了定期回顾，并作为她月度高管会议的一部分。另外，她启动了和转型委员会共同进行的每季度一次的转型进度回顾，使他们有机会回顾所有关键的相依赖因素，决定是否提供额外资源。重点关注领域的所有负责人都需要通过月度回顾，追踪他们的组合范畴内的企业项目的进度。

本质上，ChipDesign 公司始终都在追踪 4 个重点关注领域和 12 个基础性企业项目的进度，并对轨迹进行必要的校正（见表 9-3）。

表 9-3　　ChipDesign 公司对转型的治理

重点关注领域	企业项目	重点关注领域治理
成长	确立成长战略和技术路线图 制定人力资源发展项目 打造跨职能的组织	在月度的重点关注领域会议上进行追踪
人	通过沟通提高转型意识 就我们的转型方式和工具对所有员工进行教育 界定跨越所有职能群组都共用的度量标准	在月度的重点关注领域会议上进行追踪

续前表

重点关注领域	企业项目	重点关注领域治理
卓越运营	制定标准的维护流程	在月度的重点关注领域会议上进行追踪
	制定标准的测试晶片流程	
	制定跨班次的知识分享流程	
信息技术	调和历史遗留的个系统，打造一个整合式系统	在月度的重点关注领域会议上进行追踪
	制定新的绩效衡量系统	
	制定新的信息分享方式，不仅是可视化的也是基于互联网的	
转型计划治理	CEO 月度高层领导会议——每一个重点关注领域的进展	
	企业转型委员会——对完整项目进行季度回顾	

有效转型所需的治理是转型路线图的一个拓展领域，需要在执行项目的时候追踪它们。根据我们的经验，公司会安排月度的项目回顾，但每个项目都需要找到最优的时间进度安排，使负责人可以根据预期成果来有效追踪策略计划的进度。企业变革因子必须定时回顾所有的企业项目，让自己在必要为取得进展扫清障碍或屏障的时候可以到位。企业转型团队作为整体，需要至少每季度回顾一次企业转型目标的进展。每一次在各个层面上进行的回顾都增强了整体转型的效力，使参与其中的各方都能够理解可能在这一进程中发生的运营变更。这些回顾为反思整体转型行动以及为按需采取矫正行动提供了一个平台。

企业在有了一个合乎情理并为企业上下所接受的转型计划后，便已万事俱备，可以进入转型路线图的执行循环了，这也是下一章的主题。

本章要点

BEYOND THE LEAN REVOLUTION

◇ 转型计划必须可以回溯到为理解企业现状而收集的数据和进行的分析。

◇ 各重点关注领域是企业转型的杠杆，为那些需要填补的断层提供了解决方案，也为企业由现状转变为理想的未来状态而抓住了机会。

◇ 企业项目使得企业从现状向理想未来状态的转变成为可能。它们必须进行筛选和排序，以将企业整体范畴内的利益最大化。

◇ 识别出企业项目后，寻求企业下一级别的人的投入不仅仅促成一致化和学习，同时还界定出了那些可行的子项目。针对用于制定企业项目的假设和数据进行沟通，使得组织内低级别的人能够理解相关背景，并进一步界定企业项目。另外，这一过程还增强了企业的一致性程度。

◇ 落实到位的转型治理架构必须确保它能够监测和控制进展，同时还需要使它能够在战略上重新评估整体方向和作为成分的项目。

10

BEYOND

The Lean Revolution

执行转型计划

单单知道是不够的，

必须应用！

——约翰·沃尔夫冈·冯·歌德

德国著名思想家、作家、科学家

转型路线图的最后两个方框构成了执行循环。这些方框内的某些活动我们在上一章中已有涉及。在这里我们讨论的是确保实施工作成功进行并取得积极进展的必备条件。

我们关注的是在整个企业中需要进行什么样的具体行动，同时也关注企业是怎么看待自身的。

在这一阶段，企业转型在整个企业中扩散，不仅仅通过项目改进，同时也通过日常的沟通和日常的状态来进行。现在正是重新打造企业的时候，使企业思维成为它的第二天性的时候，或者，至少现在正是推动企业朝着这一方向前进的时候。

这一阶段发生的事情与企业的战略规划同步，你已经万事俱备，可以通过持续的企业转型和改进过程，重新切入路线图的战略循环。企业实施计划的成功执行便为进一步的改进奠定了基础。

图 10-1 展示了企业转型路线图的执行循环。

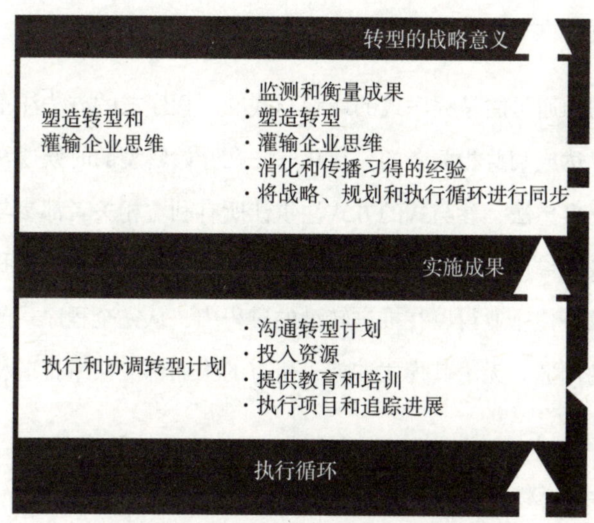

图 10-1　企业转型路线图的执行循环

就转型计划进行沟通

企业转型的意图以及实际的转型计划进行沟通的重要性已无须再次强调。这一沟通行动需要在整个企业内进行，也应酌情在延伸企业内进行。

所有可能运用的沟通渠道都应发挥作用。员工大会是传达计划和说明进展最新情况的好机会。企业的内部通讯应定时报导转型的信息。企业领导者可以定时在企业各地发表演说，向企业利益相关者清晰说明转型计划，并通过案例展示其实施情况。高层领导和企业员工以及其他的利益相关者可以通过如大会、访谈以及客户会面等媒介和事件来沟通及宣传转型计划。识别组织网络的领袖（指那些不具备正式头衔的非正式、受信任的领袖）成为这其中一员也很重要。他们能作为沟通转型行动的重要民间渠道。

在实施转型计划时，沟通的重要性是第一位的。整个企业需要从高层领导口中了解转型，而不是从未经证实（通常是负面的）且可能不完整或错误的谣言中了解（更糟糕的是，谣言可能会成为障碍）。

对转型的沟通可能是程序式的或参与式的。程序式的方法注重自上而下的转型沟通，以达成利益相关者的一致化——在开始转型的时候通常是这样的情形。为改进提出想法，参与式的方式注重让所有利益相关者都参与其中。当企业思维已经被灌输成为转型的一部分时，这一方法是很理想的。我们建议通过混合式的方法，使企业得以在推进转型的过程中，从完全程序式的沟通演变为包含参与式的沟通。无论其模式如何，所有的沟通都应注重打造相互理解和信任关系。

美国达美航空于 1994 年的重组是企业转型混合式沟通的范例。该公司有一个“不辞退”的政策，但它必须进行精简，才能维持竞争力。因此它设立了“领导力 7.5”的项目，旨在于 1997 年之前将每个座位一英里的飞行成本从 9.5 美分降到 7.5 美分。为了防止恐惧情绪在整个企业中扩散，该公司设立了一个特殊的免费号码，员工可以通过拨打这个电话来给出建议、提出问题并为转型情况给出反馈。在宣布重组的当天，公司收到了 6 000 通电话。在那一周最后，这一数字达到了 14 000。为了管理从中层经理到主管的信息请求，公司设立了一个特殊的沟通中心，以确保所有人都能够获取关于转型的正确信息。达美航空公司的高层领导通常到基层访问各中心，举办开放论坛来回应问题。这使他们得以将正确的信息在整个企业中传播，并使转型行动成为企业所有人的共识。

就转型进行沟通的目标是使之成为一种习惯。企业实施的所有行动都能转变为某种沟通渠道。内部培训课程甚至也能为讨论转型及其实施提供机会。

当企业所有的利益相关者都理解转型计划、积极参与其实施并在企业之外宣传该计划的时候，便是最理想的情形。

提供教育和培训

企业持续学习为企业的转型培育能力。因此，教育和培训在执行循环中是最重要的。一些培训是很具体的。比如，企业可能需要员工熟练掌握某种方法，才能进行特定的改进项目。其他的教育行动总体上更多地关乎企业思维和转型概念，它们在实际的转型环境中可在企业中展开。

在转型中，成功对内部利益相关者进行培训和教育的企业都会提供各种项目，包括关于准时制生产的进修课程，以此满足特定的转型项目的需求。这些教育培训课程支撑了企业对拥有转型必备技能的利益相关者并达成特定目标的需求。

比如北岸-长岛（纽约）犹太健康中心的总裁兼CEO迈克·J.道林（Michael J. Dowling）在员工的入职培训谈话中非常强调质量。他向新员工解释质量改进仪表板，并列出了公司的质量度量标准、绩效目标值和结果。道林说："质量不仅限于一个部门、一个流程或某指派负责质量的人的责任。它和所有人都有关系。要让它成为企业的DNA。"对质量的追求为该公司赢得了2010年全国健康护理大奖。

同样的，BHCS公司的最佳护理加速培训项目，着重为所有从业人员提供实施改进的共同基准线。该项目的第一个目标是通过为所谓的"质量断层"（BHCS公司的健康护理改善行动正基于此）建立紧迫感，提出采取健康护理改进方式的需求，从而为参与人员施加文化上的影响。到2009年为止，其核心的"六天项目"共培养了600多位变革领袖，包括临床医生、护理人员和管理人员。

BHCS公司的项目提供了健康护理改进工具的体验式培训，它整合了不同来源的知识，如精益法、六西格玛、丰田生产体系等。其目标是打造一套共用词汇，灌输人们去应用共同的一套工具。培训项目本身也涵盖了团队建设、反馈技巧、流程建模、数据系统设计、帕累托技巧、统计流程控制和成本质量关系等，它们全都以企业转型为背景来讲解。同时，各领域特异的培训模块涵盖了客户服务技巧、安全、公平和长期护理等。

BHCS 公司的领导团队认识到不是所有人都能够参加所有课程，于是他们打造了一系列项目，包含了针对一线护理人员的加速式一天版本，针对执业内科医生的质量改进半天入门课程，针对住院医师的版本，还有为养老院和居家看护等特殊场景量身打造的精简版本。

BHCS 公司显示了共同的转型词汇在培训和教育中是很有必要的。这意味着企业转型的相关术语，比如“企业”“利益相关者”“一致化”等都能为企业中所有人所同等使用和理解，不论项目在哪个地点进行或开展。这些词汇的统一有助于转型成功和整个企业持续学习。

如果企业的训练和教育项目与转型计划的需求不协调，那么它必须改变路线，并开发可以支撑该计划的项目。在最先进的企业转型中，教育和培训是人力资本开发项目的一部分，它注重可以支撑企业拓展式转型计划长远需求的技能和能力。

实施项目并追踪进度

实施上一章中所制订的企业转型计划指的是向下触及具体行动、大小项目。如果已经到了这一步，那么你的项目已经转化为使这一切得以实行的必要具体行动。

你还需要追踪项目层面的进展，最好是实时追踪。成功转型需要依据转型计划中设定的目标来评估实际成果。制定有效的项目管理流程很重要，它使得所有人都能理解项目进度，并为你评估达成企业层面的里程碑和目标值的表现提供了方法。当然，企业管理应该包括为企业层面的领袖就项目进度提供反馈。

Navair Airspeed 项目是海军整体转型中最为成功的例子之一。这一项目通过“部署管理系统”追踪一个项目从概念成型到完成的全生命周期。这一所谓的环境不仅获取了关于项目的所有必要记录（包括可交付成果和状况），它还涵盖了通过汇报和数据可视化系统进行的资源配置决策和高管审查。

在与企业转型一致化后，你自身的追踪系统使你得以为成功改进实行局部责任分配和问责，这反过来使单个项目中在局部层面采取矫正行动成为可能。

监测整体转型进展

追踪项目进展和监测整体转型进展是相关联的，但它们是不一样的。前者的实施层面是局部的，依项目和措施而定，后者则需要企业领导人的积极参与。在这里，整体转型进展不是通过具体项目中达成的改进来评判的，而是由构成转型行动的所有部分的集合成果来评判的。

监测总体进展需要进行定期回顾，你需要把这些记录下来并向所有相关联的利益相关者传达。这些回顾为企业领导者提供了一个解决转型计划缺陷的机会。比如，你实施某个综合式产品开发流程的行动，但由于缺乏产品数据管理系统（PDM）而大大受阻，而这一系统使设计数据得以共享。然后你可能会选择加速 PDM 实施日程。

你的监测方式由企业决定。可能你找到了一个方法——依据企业层面的里程碑和成功标准来衡量转型实施计划的进度。如果是这样，那么你便需要为所有项目而不是某些项目来实施这一步。我们有时候会发现，通过应用某种针对所有转型项目整体进展的官方分析手段，企业可从中获益，而这使企业能够随着学习的开展进行自我矫正。

最理想的状态是，你将能够进行所有项目的集合回顾。这使资源得以重新配置，计划得以调整，以确保它和战略目标始终保持一致化。如果你能够让你在延伸企业中的利益相关者（比如供应商和股东）和你共同进行监测，你将能以最大化能力来行动，也能够主动调整计划以达成延伸企业的目标。

塑造转型和灌输企业思维

随着企业思维融入企业日常活动的基础，以及转型计划的推进，经提升的绩效便成为企业高管进行未来战略规划的强劲推动力。为确保这一步能够实现，高层管理人员必须积极参与到监测各层面的企业转型的进展中去。你需要确保转型所涉及的利益相关者在压力下能不断巩固并维持进展，也需要确保支持和鼓励的程度是恰当的。

塑造转型指的是确保高层的参与。可通过几个指标来揭示企业在塑造转型这方面的表现。其中之一是企业领导层和管理层积极支持并参与其中，确保改进项目的成功。另一个是可行的行动受到认可和嘉奖，甚至在改进行动尚未成功的时候也是如此。最后，企业记录包含改进项目和其成果的信息，且这些信息使之得以追踪改进，并为成功改进创造激励因子。在企业领导人始终与转型的步伐保持一致，并主动在延伸企业中鼓励为转型负起责任的时候，成功便成为普遍真理。

如果你发现企业领导层对转型的支持不足，那么必须实施矫正措施来赢取更多、更广泛的支持。企业领导者必须鼓励、支持并认可转型。理想情况下，企业领导人和管理人员会主动识别并清除障碍，成功实施改进项目的团队和个人得到认可和嘉奖，企业领导者、管理人员和其他企业成员持续关注和鼓励转型。

罗科公司的 CEO 克莱·琼斯不断地宣传精益电子化在企业长远成功中的作用。比如，当讲到应用下一代空中管制系统面临的挑战时，他说：

> “我们致力于精益化的行动将使我们能够以和本行业不断变化的需求相应的步伐持续取得进步，同时还能够缩减成本，提高客户满意度，并通过自身定位获取新的业务。”

不仅仅是 CEO 在强调这一点，罗科服务公司材料运营部的副总裁丽安·里奇韦（LeeAnn Ridgeway）同时也强调了在她的部门应用精益电子化。在反思她这一部门漫长的转型之路时，她着重强调，精益电子化如何使该公司 2001 年 44% 的客户请求及时交付率提升到 2005 年的 90%。但这一进程却并不止于此，她的公司每年都会重新调整改进项目，使新的项目和企业整体目标相一致，这反过来将和该业务单元的目标进行一致化并由此与整个企业的目标实现一致化。

说到罗科服务公司的成功时，里奇韦说道：

> “对我们行之有效的战略是先从小项目开始，把团队取得的进展记录下来，分享成功，然后继续前进。我们同时也在这一过程中塑造了开放坦率进行报告、数据驱动的准确决策的文化。就团队取得的进展进行沟通，并让所有受影响的人都参与其中，这是最重要的。”

当在企业中完全灌输了转型思维之后，局部的组织界限便不再是企业视角的障碍。管理和培训为企业广泛范围内的所有员工营造了一种场所感，而行动

（及其结果）跨越了各界限。当企业思维用语言表述并颁布成文时，它便被灌输成功了。

企业思维灌输成功的另一个清晰迹象是持续改进成为制度。持续改进的过程迫使人们去“治根”，而不是“治本”。它使得企业致力于在所有系统和流程中应用前文所述的企业转型原则，并从中应用习得的经验。这些都能说明持续改进已经成为制度。

路线图的这一部分对企业高层领导来说极为关键，他们是整个路线图的服务对象。他们的领导将在很大程度上决定企业能否成功使转型并融入日常工作。也正是在这个时候，他们作为领导采取的行动真正发挥了作用。他们会在员工大会上谈论转型吗？他们是否在四处巡视参与管理时，利用了每一个机会，使企业思维渗透到企业每个角落？

当你思考转型的塑造时，想一下你是如何鼓励儿童的。同样的原则也能应用于企业转型。对儿童最好的鼓励是在他们切实做出努力时无条件地支持他们，就算他们失败也是如此。当他们试图解决难题时，父母帮他们扫除成功路上的障碍，他们便会大受鼓舞。在企业的场景中，可以通过宽泛或具体的方式实现这一点，后者是指如高层领导某种程度上在改进项目中充当导师。

从真正意义上说，灌输企业思维指的是使企思维成为企业组织文化的一部分。文化是企业中“各人和各群体所共有的特定的价值观和观念的集合”“它主导了他们彼此之间互动，以及和组织外部的利益相关者互动的方式”。

所有的企业都具备某种特别的文化。但是，使企业思维成为这种文化的一部分，通常指吸收它支持并维持各独立部门的那些部分。最成功的企业都成功地渗透了这一概念，即企业所做的所有事情都应以整体眼光看待，就像它们会影响整个企业一样。再者，持续存在的企业思维文化指的是转型并不是一次性的大变革，而是人们在企业思考和行动方式中不可或缺的部分。

文化的力量值得我们反复强调。在航空行业中，“更高，更快，更远”的文化已然使得所有机构都在开发着重于最大化单个元件性能的航空平台。从平台的角度来看，每一个所谓的局部职能都只着眼于本身的兴趣。它们由自身的文化范式（该组织是什么样的）、组织与权力结构、象征、仪式、惯例甚至故事和传说所推动——这些都是文化的构成部分。这些都阻碍了它们去采取企业思维。美国海军在 F/A-18E/F “超级大黄蜂”计划中，刻意地营造了一种“以飞机为首”的心态，来帮助克服延伸企业范围内的破碎化现象。通过转变文化范式来确立新的首领，“超级大黄蜂”成为企业层面整合未来行动的模板。

在企业转型的文化中，改进成为一种持续进行、一直存在的活动。尽管企业转型由高层领导带领，在这种文化中，每个人时刻都参与到转型和改进中。而且每个人都能轻易地看到持续的改进。正是这一点使你得以在持续的转型式变革中回归到路线图的战略循环。

消化和传播习得的经验

当你在转型之路上消化和转移习得的经验时，你便确保了所取得的成就将带来更大的成功。企业习得了那些行之有效的东西（最佳实践）和那些行之无效的东西，习得这些经验增强了改进项目的效力，同时也有助于减小重新改造某些事情的需求。

美国陆军在消化和传播经验方面提供了最著名之一的结构化反思和回顾流程。它在 20 世纪 70 年代中期启动了“事后报告”（AAR），来消化国家训练中心仿真战役中习得的经验，在第一次海湾战争后它被制度化。

尽管AAR为军方所应用，但是其底层概念仍能广泛应用于其他企业。AAR的本质是回答四个简单问题：

◎ 我们原打算做什么?

◎ 实际发生了什么?

◎ 为什么会发生这些?

◎ 下一次我们将怎么做?

在前面几章中，我们展示了可应用于转型规划的项目描述模板。本章之前讨论的追踪系统应该可以为AAR第二个问题“发生了什么”给出一个清晰的答案。在回答AAR后面两个问题时便是真正的学习过程。

在与GameDevCo软件公司共事的过程中，我们发现它的团队开发了它们自己的事后反思机制，称为“回顾分析”，它由一系列的清单问题构成。但是，“回顾分析”并没有生成任何有用的经验，所以并没有影响公司的未来实践。

IndiaCo公司与之相反，项目的每一个偏差都要求进行根源分析，也要求将经验在其他团队进行扩散。IndiaCo公司高层领导团队并没有发布政策指令，而是使这一分析成为常规项目管理流程的一部分，辅之以各种表格和工具，报告流程因此变得更简便了。另外，IndiaCo公司设立了项目经理人会议，来回顾习得的经验，确保所有人能够一起认识最佳实践。

在最成功的转型中，企业都会特别重视从转型实施中消化和学习到的经验，包括企业内部和外部的经验。随后，习得的经验清晰地注入到新倡议的制定中，这一步便成为常态。这常常涉及举办论坛，和组织中其他的人分享项目实施经验。这不仅包含了那些做得好的，也包含了那些出状况的。它同时有助于将消化和传播经验的过程简便化。

消化和传播经验也可以包含参加各种大会和研讨会，在那里有机会与那些参与类似转型项目的人一同交流。

调整规划和执行循环并使之一致化

经过一段时间的进度监测（通常为几个月），你将很有可能发现你需要调整计划，以便与实际执行一致。为赶上时间进度或取得理想成果，你需要加速某些项目，对其他部分分配更多资源。这些调整的结果可能是，一些项目必须推后。你可能会在更好地理解组织需求的基础上修改教育和培训战略。在项目实施的其他方面习得的经验教训，可能让你能够更好地预测所需资源（时间和人力的资源）。由此你可能需要调整转型计划。

再来想一想，一个企业正在实施整合式产品开发流程，它把这看作实现上市时间这一战略目标的关键项目。在月度的状态回顾中，企业发现了一系列成功实施的障碍物，最严重的是缺乏在各工程部门中（包括制造工程）分享数据的能力。同时，团队还发现他们需要公司的各关键供应商整体参与到设计流程中，而且需要他们比预期规划更早参与进来。他们发现的另一障碍是缺乏具备制造专长的工程人才。

对这个企业来说，这些障碍使他们必需对转型计划进行几处调整。第一，分享工程数据的产品数据管理（PDM）系统本来就是计划的一部分，但根据时间表直到明年才会启动，因此它被优先到下一个季度启动。这意味着由于资源限制，另一个提升人力资源福利系统的信息技术项目得推后一个季度。第二个变动涉及让某些关键元件供应商立刻加入产品研发团队，而不是根据原计划在 6 个月后初步设计开始后才让他们加入。第三，该团队决定加速和生产部门的工程师的交叉培训，不仅仅是为了现在的项目团队，同时也是为未来的整合式产品设计做准备。从现今的团队中学习到的一个经验是，这样的知识分享是团队成功的关键因素。

诸如此类的调整在企业参与转型项目中是非常典型的。领导团队必需和项目团队同步，知道什么时候需要提供一些超出项目团队自身范畴的协助。总的来说，确保所有企业项目之间的一致化的同时认识到必须进行定期调整这一点非常重要。

重新进入战略循环

随着你的企业执行转型计划，很多的结果都会影响战略层面。因此转型在本质上使你回归到路线图的战略循环，尤其是当企业转型思维完全渗透到组织中时。对于持续改进已经写入日程的企业来说，反复遵循路线图便成为惯例。事实上，企业思维的渗透意味着你对转型的实施是一种循环，也必须是一种循环。本质上，你的企业别无选择。

我们发现定期对转型目标进行重新评估并至少每年进行一次全面评估很有用。目标很有可能会改变。比如，你的企业可能设立了在 3 年内减少 10% 的整体成本的战略目标，并且转型计划呼吁多个项目来共同达成这一目标。但是如果你了解到你的主要竞争对手正在将成本缩减 25%，而且已通过缩减赢得了竞争优势，那么至少你需要重新思考自己的战略目标。

罗科公司的转型已经进行了至少 10 年。该公司成功的关键因素之一就是准确评估企业现状并进行必要的战略调整的能力。比如，当企业领导团队认识到经济发展放缓时，他们便知道必须对转型进行更新。为此，他们识别出了 4 个企业重点关注领域：重新激活精益电子化，对生命周期价值流管理进行更新，对筛选、吸收和培养新晋领导的流程进行更新，确保整个企业内的各目标彼此一致。如第 1 章所述，这些领域都是罗科公司此前专注过且已看到新进展的领域。同等重要的是所有的重点关注领域倡议人都来自企业领导团队，正如表 10-1 所示。

请记住企业转型是一个持续的过程，不以月计，而是以年计。事实上，它永远不会真正结束。环境在不断变化，渗透了转型思维的企业不断调整、重组、重新平衡、抓住并重新抓住各种机会，完善自身。

表 10-1　　罗科公司 2010 年的重点关注领域

罗科公司 2010 年的重点关注领域
重新激活精益电子化
倡议人：罗科服务公司的执行副总裁肯特·斯塔特勒（Kent Statler）
为了使罗科公司取得长远成功，我们必须让所有员工都参与到精益化的日常实践应用中去。这一倡议进一步明确了期望，提供了有意义的教育机会，也提升了对确保持续改进一直作为重中之重的意识
更新生命周期价值流管理（LCVSM）流程
倡议人：政府系统执行副总裁及首席运营官格雷格·邱吉尔（Greg Churchill），商用系统执行副总裁和首席运营官凯莉·奥尔特（Kelly Ortberg）
罗科公司的生命周期价值流管理流程使公司得以就产品、系统和服务的组合做出明智的决定。这一倡议将确保员工能理解 LCVSM 模型的机制，同时厘清这一模型中的各种角色和职责，以提升业务表现
更新筛选、吸收和培养新晋领导的流程
倡议人：人力资源部高级副总裁罗恩·柯齐保尔（Ron Kirchenbauer）
高效领导力对我们公司的成功而言非常重要。这一倡议将基于来自领导学院的培养机会，以提升我们培训和辅导罗科公司的新手领导的效率
确保各目标保持一致
倡议人：工程和技术部高级副总裁南·麦蒂（Nan Mattai），运营部高级副总裁杰夫·摩尔（Jeff Moore）
在一个企业中，为推动成功我们需要确保每一块业务和共享服务的大小目标彼此协调一致。这一倡议将确保某流程或某部门取得的改进不会对其他方面造成负面影响

本章要点

BEYOND THE LEAN REVOLUTION

◇ 通过执行转型计划，转型在整个企业中通过改进项目和日常沟通及活动进行渗透。

◇ 就转型的意向和实际转型计划，两者在企业中和延伸企业中进行沟通非常重要。

◇ 企业持续学习为企业发展提供转型能力

◇ 成功转型要求根据转型计划中设定的目标来评估实际成果，也需要对进展进行追踪。

◇ 企业领导人需要积极参与到企业转型整体进展的监测中去，并在必要时调整计划。这对在企业中塑造转型和灌输企业思维来说非常关键。

◇ 消化和传播在转型之路上习得的经验确保了所取得的成就将带来更大的成功。

StayCool 公司的转型路线图

抵达了某处，

意味着启动了另一段路程。

——约翰·杜威

美国哲学家、教育家、实用主义的大成者

StayCool Engineering Corporation（简称 StayCool 公司）是一家快速成长且利润颇丰的公司，它通过三个价值流带来收益。它成立时是一家研发公司，之后它开始生产热控制和能量转换领域的商业化产品。最近，该公司致力于为美国国防部设计和生产更为精细的制冷产品。

尽管 StayCool 公司盈利颇丰，十分成功，但它的规模相对较小。公司的创始人兼总裁指导着日常运营。他一直面临着发展壮大公司的挑战，一直在打造高效领导力的管理系统，同时也由他设想 StayCool 公司商用部门的未来产品，并带领撰写创新项目的方案，联合领导国防部产品开发小组。

总裁意识到 StayCool 公司需要重新思考其运营方式，以及思考如何通过全局观点看待自身。在这一章，我们将跟随 StayCool 公司的路线图，了解它推动整体企业致力于战略、规划和执行循环到启动企业转型等步骤。StayCool 公司推动高层领导致力于其中，运用了现状分析七大透镜，制订了转型计划，并启动了它的实施。企业因此为我们提供了看到整个路线图付诸行动的机会。

StayCool 公司可能不是来自你的同一行业，它可能比你的公司更大或更小。但是，我们相信在几乎所有企业中都能看到 StayCool 公司此前面临的挑战的影子，也会看到它转型之路的影子。

StayCool 公司的背景

StayCool 公司成立于 1986 年，拥有一群很有干劲的员工，有着非常开放的文化。部门之间的天然屏障比很多类似的公司薄弱得多。但是，不同部门并没有很好整合起来，尤其是在产品开发这一块，这带来了大量的返工，也使大量设计在完成时被废弃。在我们和 StayCool 公司开始共事前不久，它为两款新开发的产品成立了公司史上首个跨职能团队。

StayCool 公司本质上是一个研发导向型公司，由于成功的产品而取得企业成功。但它的文化核心是注重研究和工程及其衍生。成功产品的结果是生产成了公司必需的核心竞争力之一，现在 StayCool 公司需要通过转型来打造它所需要的新能力。

在刚刚结束的这一财年中，StayCool 公司三方面的收益是 3 600 万美元。表 11-1 显示了 StayCool 公司的员工按职能领域进行细分的情况，并突出了生产能力提升及其根源所在的研发。

该公司的工程师忙于 40 多个有效的研究合约和产品开发的事务。随着工程师为了在外部期限前完工而在不同项目之间来回切换，研究合约和产品开发的进展并不稳定。

如图 11-1 所示，StayCool 公司一直以来的管理结构都比较简单。除了会计部门之外，公司很少应用标准，也没有持续改进的系统。当时为数不多的几个业务指标基于产量：质量、库存、生产周期、员工满意度，而客户满意度的角色并不是很重大。这是 StayCool 公司需要解决的关键断层之一。

表 11-1　StayCool 公司人员总结

部门	员工	分析备注
工程	57	包含 CEO，被视为人数稍为不足
工程管理	4	
机器	5	部门规模较为稳定
IT	3	积极寻找其他人加入
营销	7	九月份一位员工任期结束，还没找到替补
生产	22	包括一位兼职员工
会计	10	部门规模较为稳定
基础行政	3	部门规模较为稳定
总员工	111	

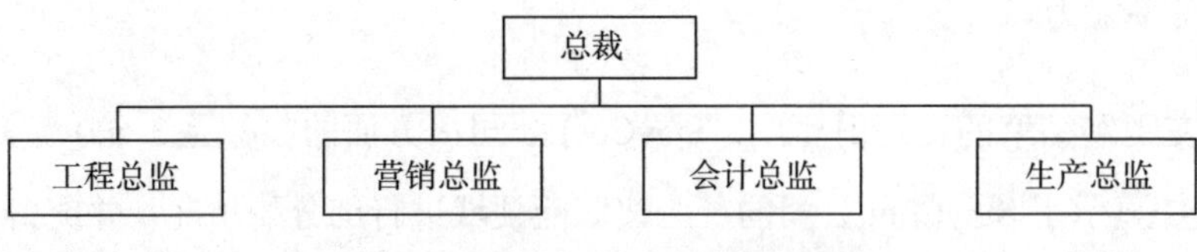

图 11-1　StayCool 公司的管理结构

StayCool 公司的战略议题

在决定采取路线图之前，StayCool 公司工程部一直都面临着一系列的战略挑战和组织挑战（表 11-2）。这些挑战源自于公司的业务性质、多重的重点关注领域以及 StayCool 公司的快速发展。

表 11-2　StayCool 公司的战略议题 / 挑战

战略议题 / 挑战	细节
公司的分隔化	三个部门之间彼此分隔，带来了需要解决的问题
集中化	SBIR 方案带来了公司核心竞争力以外的工作
	商用产品的开发很混乱
	军用产品的相关工作缺乏清晰的发展目标，资源投入也不足

续前表

战略议题 / 挑战	细节
资源分配	与集中化的问题相关联，太多“灭火”工作，需要制定政策
管理快速发展	如何避免扼杀缔结了公司过去成功的创造力和灵敏性？
生产和库存规划	库存太多，需要关注总体成本而非单位成本
沟通	需要更多地进行正式沟通，需要塑造员工的相关意识

首先，第一个挑战是公司的分隔化。公司在成立之时是作为承接政府合约的研究型公司，随着它成立了商用制冷产品部门后，公司便壮大了。这一部门很大程度上和工程部门相互独立，因其最初是由公司某小业务创新研究合约发展而成的分拆单元，而该合约是基于某通过工程检验的产品建立的。随着 StayCool 公司继续发展壮大，这两个模块之间的差距越来越大。由于现今这三个部门中每一个都有自己的工作场所，员工跨越部门进行互动便更困难了，因此这一差距越来越大。

很显然，随着 StayCool 公司继续作为制造企业不断发展，并且它必须投入更多的工程资源到产品的商业化中，这一分隔成为重大的战略挑战。高层领导受到激发而探索转型，很大一部分是因为他们意识到，整合各部门是成功壮大的关键因素。

第二个挑战是整体集中化。StayCool 公司通过美国政府资助的小企业创新研究（SBIR）项目赢得研究合约。尽管只有大约 10% 的总收益来自 SBIR 合约，但是这一方面的研发工作却产出了公司在商用和军用领域的所有热卖产品。

StayCool 公司为它认为能赢取的合约提交方案，这带来了极大的短期盈利潜力。但是，公司最终却关注着大范围的研究题材，这使得它很难专注于热控制和能源转化方面的核心竞争力。同时，商用产品的产品开发流程通常都很混乱，缺乏长期战略。在将创意转变为产品的过程中，公司较少关注它们是否与整体远景相符。另外，StayCool 公司的军用产品缺乏清晰定义的发展目标，资源投入也不足。有时候几个月开发中断，某些产品的开发周期接近 10 年。

分隔化和集中化说明了 StayCool 公司在身份认同上的问题。在询问公司的任何一个人时，她 / 他都会大声质疑 StayCool 公司究竟是生产企业还是研发企业。这一类的反应常常出现在那些初始阶段着重研发，但突然打造了一个极为成功的产品的公司，而该产品的成功使人们感受到必须转向对收入来源进行管理。

第二个是整体集中化，也和集中化关联的第三个挑战是资源分配。StayCool 公司最大的优势之一是员工的才智及其为客户解决多种问题的能力。StayCool 公司通过 SBIR 项目始终交付高质研究成果而名声大振，常常因此收获那些不在其核心竞争力和战略重点之内的合约。同样的工程资源同时还负责产品开发活动，常常同时进行一系列不同的项目。由于 SBIR 合约的时限性，公司常常通过全员动员的方式，在接近最后时限的时候把产品开发团队的人分配到 SBIR 项目上。因其没有固定的外部期限，这一战术牺牲了产品开发工作。无法确保启动某一项目的人就是完成该项目的人。随着公司发展壮大，StayCool 公司意识到需要作出决定，确定如何以与战略目标更为一致的方式分配资源。

StayCool 公司遭遇这一资源分配问题并不令人吃惊。如果缺乏清晰的资源管理政策，公司通常都会发现自己面临这一难题。传统的方法是将资源抛给一群所谓的“技术牛仔”，他们需要不断“灭火”来完成任务，但这一方式不再行之有效。

第四个是快速发展的管理本身也带来了系列挑战。随着公司实现了极大发展，这带来了新的挑战，即需要在管理不断演变、不断发展的公司的同时，不能扼杀作为过去成功基石的创造力和灵活性。快速发展同时为 StayCool 公司带来了为未来配置人员的挑战。寻找来自不同工程背景而又能满足公司需求的恰当人才组合，现在被视为一个尤为重大的挑战。

第五个是随着 StayCool 公司进入商用产品业务，它开始遭遇了生产和库存规划的挑战。随着制定生产实践以满足公司日常需求，大家越来越认识到有必要进行改进，只有那样 StayCool 公司才能摆脱正在形成的大量库存。StayCool 公司的高层领导开始意识到需要打破关注单位成本的传统，开始关注整体成本。

最后，在其他挑战的基础上，沟通成为一个首要的问题。StayCool 公司自从成立之后一直依赖非正式手段在组织中传播信息。但是，随着公司发展壮大，这种在小企业内十分行之有效的方式却无法很好地发挥作用。很显然，除了高层领导，StayCool 公司大部分的员工很大程度上都不了解业务情况、大小目标及未来愿景。随着公司继续发展，形成正式的沟通流程并将组织的行动一致化，这将是很关键的。

这些战略挑战为 StayCool 公司提出了转型的理由。高层领导认识到当务之急是有所行动，来应对这些挑战。总裁便开始清晰地制定出一系列的战略目标，这些可成为启动路线图的基础，同时对企业现状进行了数据驱动式评估，并同时制订了一个可行动的转型计划，它将使 StayCool 公司取得更大的发展和成功。

StayCool 公司的战略目标

企业转型从 StayCool 公司的工程部门启动，这被高层领导称为“历史上的重大绝境时期”。从传统的拥有小部分商用产品的研发公司，转变为 90% 的收益来自生产和销售商用及军用产品的公司，它需要比以往更加关注战略目标。

StayCool 公司的高层领导识别出四个战略目标（见表 11-3），作为公司在未来成为成功的制造商和产品研发公司的关键。

表 11-3　　StayCool 公司的战略目标

战略目标	细节
➢ 提升关键领域的研发水平	➢ 热传递 ➢ 能量转化 ➢ 热控制
➢ 拓展商用产品线，提升来自商用产品的收益	➢ 在 5 年内提升到 2 000 万美元
➢ 通过设计和生产军用产品提升收益	➢ 利用和战略合作伙伴的关系
➢ 利用柴油发电机技术来提升军用产品销量	➢ 基于 SBIR 研究合约

◎ 第一个目标是**提升 StayCool 公司在关键领域的研发水平**。提升公司在它已经成为备受尊重的领先者的各领域的水平（如热传递、能量转化和热控制），将有助于公司维持其竞争优势，并赢取更多的政府产品合约。

◎ 为了支持它在 SBIR 方面的水平，StayCool 公司同时也需要**扩展商用产品线以及提升来自这些产品的收益**。StayCool 公司设立了一个具体目标，即在 5 年内将这些产品的收益提升到 2 000 万美元。这么做将使得 StayCool 公司能够赢得更多合约，成为热力产品领域受人尊敬的力量。新增的收益能为 StayCool 公司带来实施更大型研发项目及雇用更多人员所必需的现金流。

◎ StayCool 公司发现军用领域有着巨大的获利机会，它便马上着手行动以赢取更多合约。为了支持**通过设计和生产军用产品提升收益**这一目标，StayCool 公司依靠它和一家海运集装箱设计生产公司的关系，以赢取未来的业务。

◎ 最后，StayCool 公司寻求**利用柴油发电机技术来提升军用产品销量**。StayCool 公司在那时已经投入了大量资源，配合一系列的 SBIR 倡议开发柴油发电机。为了提升公司的销量和收益，StayCool 公司希望可以利用这一技术，并且在达成最后一个合约后，通过完成这一研究领域的 8 个 SBIR 方案来拓展其发电机技术。

高层领导感觉到这四个战略目标将帮助提升 StayCool 公司的收益，同时也巩固该公司在 SBIR 领域的地位。最后，高层领导相信，通过拓展商用和军用产品，公司将不仅能提升收益，而且也可以通过成为模范企业而在未来能更好地吸引 SBIR 合约。

StayCool 公司的利益相关者透镜

随着高层领导团队坚决致力于企业转型，StayCool 公司便启动了路线图规划循环，开始了利益相关者评估。该团队识别出六大利益相关者群体：员工、客户、供应商、战略合作伙伴、社会和领导层。有时候，StayCool 公司评估团队必须部分依赖那些最接近外部利益相关者群体的内部员工的访谈，以便收集数据。只要企业意识到并能够解释其潜在缺陷，包括数据准确度低以及存在内部偏见等，那么这一方法便行之有效。

我们在这里以三个利益相关者群体的评估作为例子：员工、战略合作伙伴和客户。员工这一群组的利益相关者评估显示 StayCool 公司与员工关系较好，工作氛围像家庭一般，员工总体上对此感到满意。另外，团队发现调查的所有同事都对其薪酬福利非常满意。员工方面的主要顾虑是领导层沟通不足。

表 11-4 说明了员工和 StayCool 公司企业的价值交换。

表 11-4　　StayCool 公司员工与企业的价值交换

期望从企业得到的价值	员工	向企业贡献的价值
➢ 工作多样性	➢ 小时工	➢ 时间
➢ 工作稳定性	➢ 稳定工资的员工	➢ 技能
➢ 薪酬	➢ 高管	➢ 知识
➢ 福利		➢ 社交网络
➢ 好的同事		➢ 态度

续前表

期望从企业得到的价值	员工	向企业贡献的价值
➢ 反馈		➢ 动力
➢ 学习的机会 / 挑战		➢ 专业开发的能力
➢ 成就感		
➢ 工作压力较低		
➢ 尊重		
➢ 取得进步的机会		
➢ 高度负责任和自由		
➢ 相关工具可取得		
➢ 就公司目标进行沟通		

针对员工的利益相关者评估显示，StayCool 公司接下来将面临的一个挑战是在公司发展的同时维持现在的员工满意度。为了达成这一目标，StayCool 公司需要制定正式机制，比如实行并回应员工满意度调查。StayCool 公司历史上曾是工程型公司，因此员工进行研究 / 工程工作的自由度被评为较高也就不奇怪了。公司快速发展，同时又缺乏正式政策来管理资源，生产前线的员工在确保生产项目及时完工上面临的压力越来越大。另外，员工感觉到之前享有的灵活性（这部分是缘于他们所从事的工作的性质）使他们有机会学习探索新的领域。StayCool 公司必须创造学习的机会，才能留住主要研究人员。

很显然，领导层沟通需要提升。尤其是在我们请企业领导识别高层领导价值时，他们列出了资源分配、战略指导、愿景、目标、度量指标和产品创意等。没有任何一位领导提到沟通，尽管它嵌入了所有其他价值之中。

图 11-2 显示了员工如何看待 StayCool 公司的价值传递。

StayCool 公司的一位战略合作伙伴利益相关者是之前提到的海运集装箱公司（Atlantic Marine Containers，简称 AMC 公司）。这位合作伙伴是 StayCool

公司军用制冷产品的商业化媒介。AMC 公司将 StayCool 公司的制冷机组整合到制冷集装箱中，并打包卖给了军方。

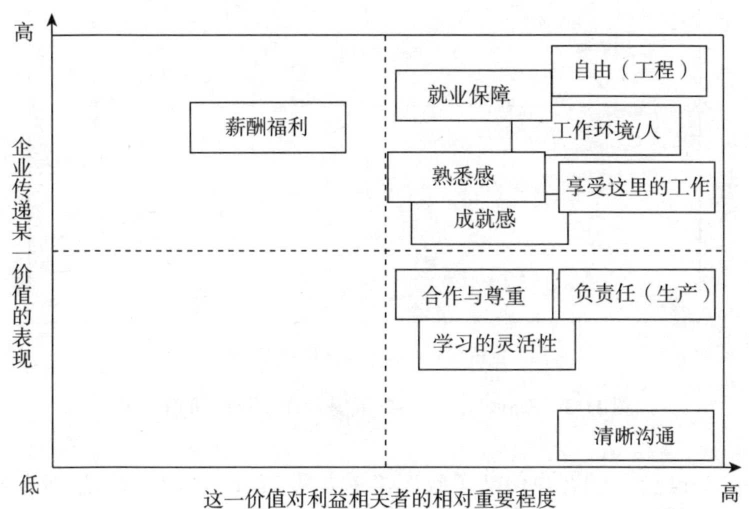

图 11-2 StayCool 公司向员工的价值传递

由于能力互补，需要一起为客户提供高价值产品，因此双方关系相当不错。它们进行了广泛的协作，价值交换的流动没有大的障碍。表 11-5 显示了它和这位战略合作伙伴的价值交换。图 11-3 提供了价值交换的细节。

表 11-5 StayCool 公司战略合作伙伴和企业的价值交换

期望从企业得到的价值	战略合作伙伴	向企业贡献的价值
制冷机组（产品）（质量、时间表、数量、技术支持）	AMC	向军方进行营销的专长 风险与报酬的分享 应用制冷机组的集装箱

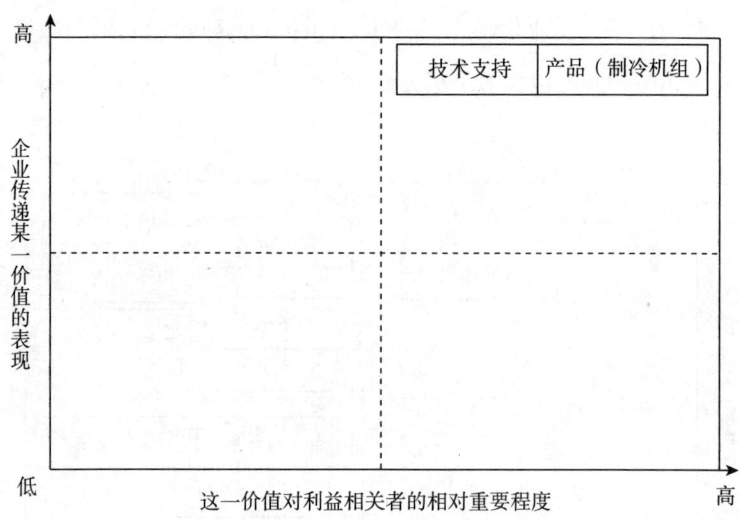

图 11-3　StayCool 公司向战略合作伙伴的价值传递

StayCool 公司的客户包括了政府（军方和 SBIR）以及诸如制冷专家和分销商等商业用户。客户从企业期望得到的价值很清晰。表 11-6 显示了它和客户之间的价值交换。图 11-4 提供了客户价值传递的细节。

客户最看重的价值维度是公司产品服务的创新性和质量。由于政府合约要求进行正式沟通，StayCool 公司和这位客户建立起了开放稳健的反馈渠道，以此进行相关问题和机会的清晰沟通。但是和商业用户的反馈渠道却十分有限。公司依靠营销呼叫反馈来了解 StayCool 公司的产品性能，这是非常不正式的，收集到的信息往往有限。

客户价值传递中需要马上采取行动的部分是对客户需求的关注。这一因素目前的表现及其对于客户的相对重要性之间的差距，和公司与客户 / 终端用户之间的直接沟通不足有关。StayCool 公司的生产部门缺乏质量管控实践，这加强了产品质量低的印象。

表 11-6　　StayCool 公司客户和企业的价值交换

期望从企业得到的价值	客户	向企业贡献的价值
方案	政府制冷专家	需求和要求
新产品		付款反馈
完整产品线		产品新思路
好的定价		
准时交付		
高质量		
客户满意度		
产品支持		
发表的论文		
达成的研究目标		

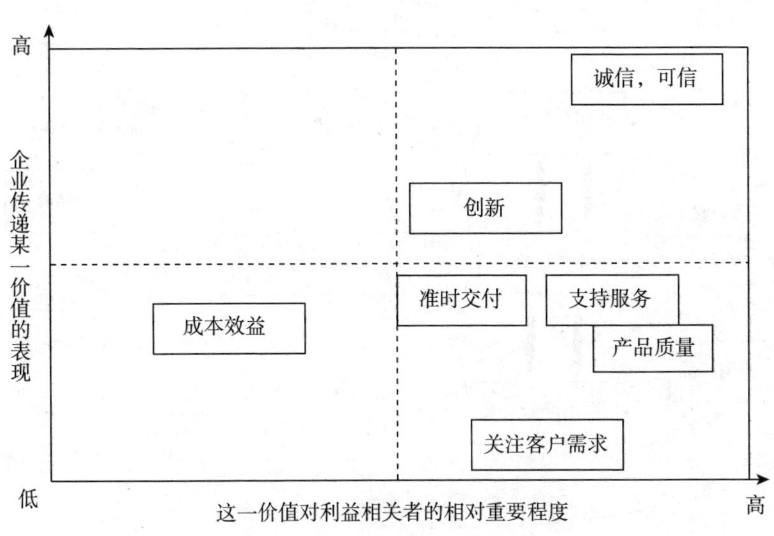

图 11-4　StayCool 公司向客户的价值传递

StayCool 公司的流程架构透镜

图 11-5 显示了 StayCool 公司的高层次流程图，它是现状分析的一部分。StayCool 公司业务的核心战略因素是完成 SBIR 工作。几乎所有技术人员都是被聘用来进行 SBIR 资助的研发工作的。在 StayCool 公司成为一家 90% 的收益来自产品开发和生产的公司后，SBIR 的核心地位很快带来了一些战略问题。

StayCool 公司企业流程的分析分为三部分，和三个主要的收益流相对应：SBIR 工作，商用产品和军用产品开发。这里我们来说明关于这三个部门中两个最重要的观察发现：SBIR 研究和商用产品。

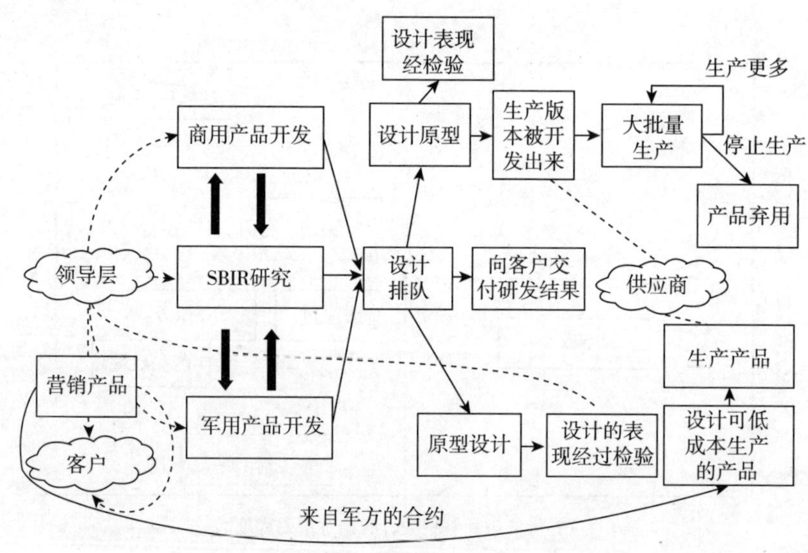

图 11-5　StayCool 公司现今的企业流程图

图 11-6 显示了 SBIR 研究的详细流程。通过分析揭示了几个问题领域，这些可成为企业转型中的改进项目的机会。其中之一是方案撰写时期非常混乱。

有限的时间周期和对其他工作的关注不足，必然使其他非必要的工作暂停。这一流程对公司其他所有的工作流都产生了重大影响。

内部和外部的审核流程为 StayCool 公司的方案提交很好地确立了高质量标准。但是，这些内部质量检查并没有官方化，其结果并不作为关键度量指标用于评估方案质量。向公司的主管提交方案的流程是不协同的。大部分方案都在最后时刻才被呈送到主管处，在方案仓促导入系统时这便带来了质量问题隐患。

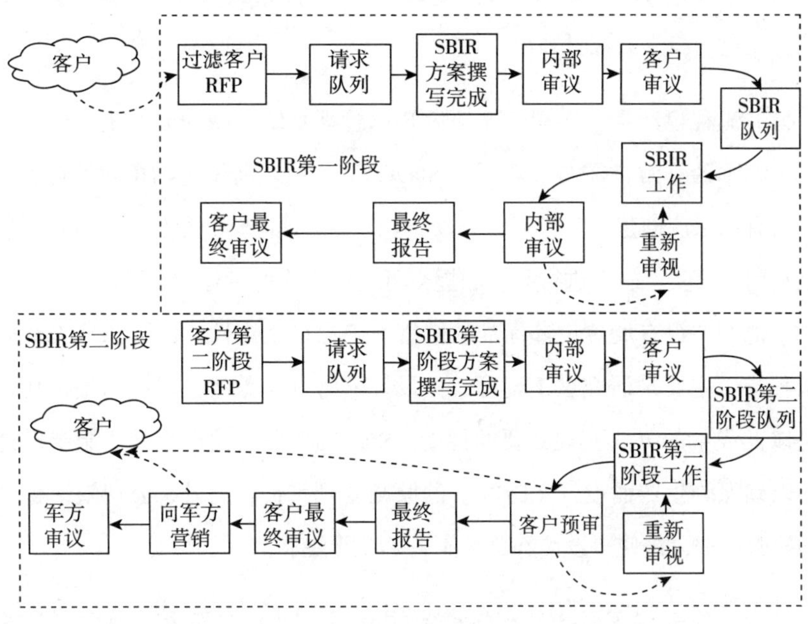

图 11-6　StayCool 公司现今的 SBIR 研究流程图

更广泛地说，实际研发流程通常需要和公司其他倡议（通常是产品开发工作）进行取舍。这是因为如电气工程师这样的资源可能很稀缺。总体上，这一阶段的互动是非正式和非结构化的，这使公司很难规划资源的分配。另外，有效合约的数量远大过工程员工的数量。结果，工程师或科研人员参与多个不同项目，随着工程师为了赶工而在项目间来回切换，其进展是不稳定的。

在这方面，高层领导团队意识到，如果StayCool公司对工作进行排期，让工程师可以在一个时间段只专注一个项目的话，SBIR工作便可以进行压缩。这一变更会减少项目切换带来的极大浪费。工程师如果为了处理一个项目而放弃另一项目，被放弃的项目便需要时间重启，而这通常要花费一天或更长时间。

他们认为，提交最终报告的流程使他们失去增进StayCool公司系统知识的机会，因为到最后唯一的沟通只是和项目倡议人的沟通而已。在企业流程分析的这一阶段，StayCool公司马上开始讨论为工程师实施知识捕捉系统，这是为了防止进一步失去宝贵知识。

另一流程也产生了知识，而缺失知识管理系统被视为导致重大浪费的原因。工程师最终常常需要重新开发StayCool公司之前做过的东西。再者，他们并没有和供应商建立起长期的开发/生产关系，他们的专长也没有在开发中得以利用。事实上，在进行研发和提交可交付成果的过程中也发现了几个其他问题。他们并没有通过设计标准的应用而确保可生产性。因为StayCool公司的工程员工主要是研究型工程师，其设计通常都着重将技术能力最大化，而不是以低成本的方式实现必要的性能。StayCool公司发现它需要制定设计标准，以确保为生产而设计（DFM）的原则得到贯彻。另外，公司缺乏稳健的原型检验流程，这使得设计不总是能满足性能要求。

最后，分析与商用产品部门相关的流程。图11-7显示了商用产品的具体流程图，这源自于研究过程中产生的知识。创意主要来自StayCool公司的总裁，有时候这是由营销部向总裁提供的非正式客户反馈所产生的。但是，和客户间的这一联系却很薄弱，使他们流失了很多产品机会。

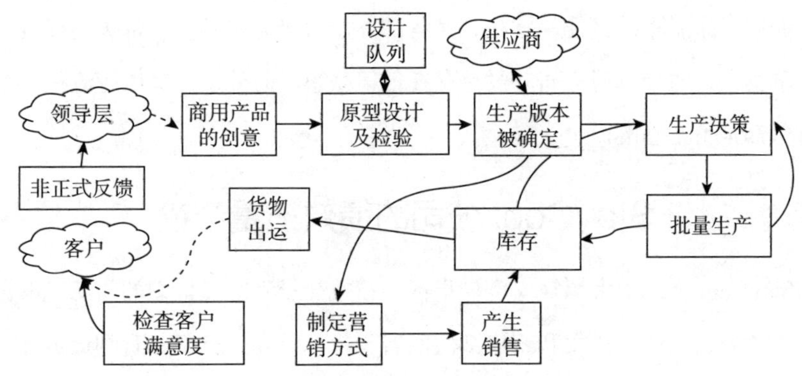

图 11-7　StayCool 公司现今的商用产品流程

他们发现很多情况下产品开发周期比必要的更长，这通常是因为工程师常常被调走到 SBIR 工作上。设计在完成前总被多次重启又搁置。产品开发过程中也缺乏与客户的联系。尽管市场营销总监知道正在开发哪个产品，但是客户 / 终端用户却被完全忽视了。同样，在这个过程中也很少有和供应商的互动。供应商关系是短期的，在产品开发过程中也很少起作用。

产品生产也没有和客户需求相对接。StayCool 公司的领导层意识到，在军用产品方面，和客户联系更密切会使他们得以更早发现生产问题并更快解决它。

营销和销售流程因缺乏和客户的正式反馈流程而受损。结果，公司不知道客户在这个产品上可能面临着什么问题，也几乎无法确保产品能够符合客户需求。直到开发完成及产品被生产出来后，他们的工作才会涵盖或考虑到客户。

高层管理人员谈到，他们认为设计生产出一款产品并努力兜售它，比预先研究客户 / 终端用户的需求成本更低，更简单。这一分析揭示了这一种方式的弊端：极为浪费，同时还忽视了一个很重要的利益相关者——客户。

商用产品流程的其他问题是，销售部并没有努力协助生产部去达成均衡生产。事实上，两个部门之间并没有存在任何联系。另外，订单执行流程中 10% 的订单都是不正确的。

StayCool 公司的绩效衡量透镜

StayCool 公司中大幅缺失度量指标和绩效衡量系统。他们的团队能够记录 StayCool 公司生产、研发和销售部门的若干指标。在生产部，直到最近才应用了非基于产量的激励因子。在这之前，员工的报酬一直都只是依据产量而定。生产系统不受控制，员工会生产那些最容易生产的产品，来将其奖励最大化。结果是质量低，总体成本高，累积大量库存。这些基于产量的激励因子便被弃用了，让位于一个仍在制定中的更好的系统。

他们最近为生产员工确立了一个迟到 / 缺席指标。在之前，某些生产员工在超过 90% 的时间内都会迟到。现在，迟到现象已经大幅降低。

在研发中，主要的绩效指标是每个工程师为 SBIR 项目撰写的方案数量。工程师在年度审议中有一个目标，就是明年需要撰写多少个 SBIR 方案。通常来说，新员工都要求在下一年中撰写一个 SBIR 方案，中层工程师要求撰写两个，高级工程师的要求是三个。根据记录，他们没有针对 SBIR 方案的全公司适用的目标。

StayCool 公司通过内部审议流程确保了方案的质量，由其他工程师来评议方案的质量和格式。但是这一审议流程是非正式的，并没有给出定性的价值，也没有记录其结果。StayCool 公司也对那些将项目维持在预算范围内的主研究员（PI）进行奖赏。但是对那些有多个项目的 PI 来说，由于超预算不惩罚，这一激励因子对公司并没有实现它原本能起到的作用。

StayCool 公司通过将工程积压期限设定为 1.2 到 1.9 年，以此来评判它的绩效。该工程积压期限的定义是：完成 StayCool 公司现今机构内部还未启动的所有工作需要花费的时间。

商用产品的营销指标建立在每天的销售电话的数量上。营销人员每天向客户呼叫的通话数量的期望值是 70 通。客户包括批发商和其他 StayCool 公司被识别为现有或潜在客户的制冷公司。公司通过一个详细的激励计划来奖赏电话营销人员。现今，该激励计划涵盖了所有可能产生的结果。比如，一通留言的奖励是 0.02 美元，下一个订单的奖励是 0.49 美元。各种结果的种类之多，使他们很难追踪实际的表现。

StayCool 公司的一致化透镜

StayCool 公司团队通过 X 矩阵模板来评估企业战略目标、度量指标、流程和利益相关者价值之间的一致性。图 11-8 显示了整体评分。

这揭示了如下问题，其中包括战略目标和利益相关者价值之间的不一致：利益相关者价值实际上要么和各目标非常一致（尤其是和公司的支柱工作 SBIR 相关联的目标），要么就是一点都不相关（StayCool 公司的新增领域）。这一问题在员工关系和工作环境等领域十分严重。尽管公司当时已经在维持团队较高的积极性方面做出了很好的成绩，但是它很显然仍需要制定清晰连贯的战略，才能继续在加速发展的同时传递那些价值。StayCool 公司意识到，如果无法一致地传递那些价值，那么它将面临企业文化被稀释和失去顶级人才的风险。

战略目标 / 度量标准 / 利益相关者价值 / 关键流程	创新	质量	数量（产品量）	竞争价格	客户支持	实现研发目标	准时交付	准时义务支付（供应商）	长期关系（供应商）	酬劳和福利	工作环境	成长潜能	挑战/成就感	就业保障	通过EPA培训改善环境	遵守税法和法律
SBIR方案征集																
SBIR筛选清单																
SBIR写入清单																
SBIR内部审议																
SBIR外部审议																
SBIR提交方案																
SBIR受到奖赏																
SBIR项目审视																
SBIR实施研发																
SBIR提交5个中期报告																
SBIR最终报告																
销售和订单：初始销售																
销售和订单：发货电子单发送																
销售和订单：完成，即发货和销售通知																
销售和订单：销售人员跟进客户，确保满意																
IKul开发：创意生成																
IKul开发：产品开发																
IKul生产																
IKul销售和推广																
军方：第二阶段研究/原型带来政府订单																
军方：原型测试和迭代改进—内部功能—外部																
军方：完成设计和启动购买活动																
军方：启动生产活动																

图 11-8 StayCool 公司的一致性

分析进一步发现，度量指标和战略目标之间的联系很薄弱，在某些情况下甚至没有相关联。现有的指标不是太宽泛，就是无法体现那些有助于实现 StayCool 公司目标的必要进展。关键流程和度量指标之间的一致化也是一个重大的关注领域。X 矩阵清晰地显示了 StayCool 公司需要设立更好的指标来衡量其流程效力。事实上，只有一个指标和企业流程相一致：追踪撰写的方案数量的 SBIR 指标。

同样，关键流程和利益相关者价值之间的一致性缺乏清晰的战略来支持员工、供应商和社区的价值生成。尽管 StayCool 公司确实向所有利益相关者传递了价值，但它仍然没有正式地定义流程。

StayCool 公司的资源透镜

StayCool 公司的成本结构反映了公司的成分。如图 11-9 所示，公司 26% 的支出与员工相关（直接劳动力和员工福利），一般支出和间接费用占到了 StayCool 公司成本的 24%。值得注意的是，运营商用产品业务也在进行分析的时期成为公司一块相当大的成本。该成本细分的分析使高层领导了解到，随着公司发展成为一家商用和军用产品制造商，他们必须极为关注销售货物的价格。其他采购原材料、管理库存和生产产品的支出也需要细致的管理。

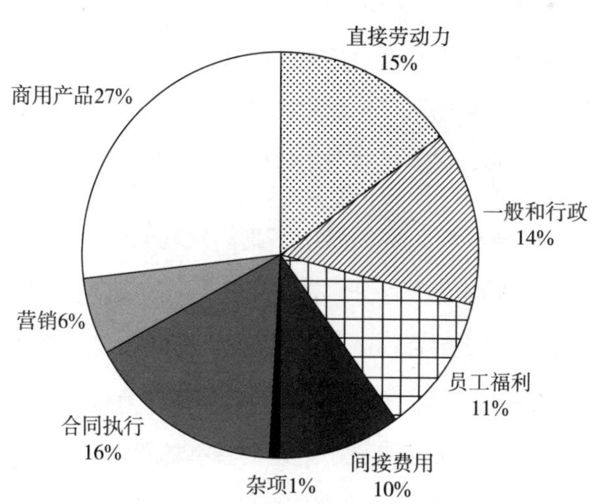

图 11-9　StayCool 公司的成本

StayCool 公司的成熟度透镜

StayCool 公司的总裁和工程部、财务和人力部及 IT& 计算机部完成了 LESAT。让一群各不相同的高层领导各自完成 LESAT 是好事。这通常使他们能够对结果进行有益的讨论，在建立企业共同的心理模式方面，这是积极的一步。StayCool 公司的这一差异化小组提供了有趣的反馈，事实上也引发了一场有益的讨论。

如大多情况一样，StayCool 公司为自己设下的目标是 LESAT 的每个类别都需要达到尽可能高的分数。但是现在大部分类别，在评分满分 5 分的情况下评为 1 或 2 分。尽管追求完美是好事，但并不现实，LESAT 的某些方面可能比其他方面更重要，这取决于企业特定情况。对 StayCool 公司来说，最重要的是把最重要的事情优先化。

StayCool 公司的 LESAT 分数清晰显示了它正处于转型的初步阶段。整体上，平均分最高的出现在和致力程度、支持、员工赋权及资源分配相关的领域。领导层分数反映了企业最高层对转型的支持最明确，他们也为变革分配了资源和时间。但是，领导团队在他们的目的这一方面却显示存在差别。没有清晰愿景的话，在改进和如何实施转型之间可能会有断层。

在 LESAT 和领导层相关的领域中，我们发现它存在较强的一致性。图 11-10 显示了 LESAT 的领导层评分。企业战略规划的成熟度的所有问题平均得分是 1 到 2 分。这些答案解释得通，因为尽管 StayCool 公司已经充分讨论了转型，领导团队也表现出了强烈的意愿，但是转型还没有被记录下来，也还没有正式化。领导层在采用某企业范式、展示对转型的投入和支持方面得分较高。如果 LESAT 是由公司较低层的人员来完成的话，这些评分可能会不一样。

和价值流相关的评分比较低，这似乎反映了 StayCool 公司高度分隔化的特点。这说明了在精益化转型启动时管理层对现有价值流的理解是多么重要。建立精益化结构和行为这方面的分数差异化。尽管员工得到授权和鼓励去进行创新，但是支持这些行为的激励因子与此并不一致。而且，度量指标和一致化的奖赏表彰系统对 StayCool 公司将是极度重要的。

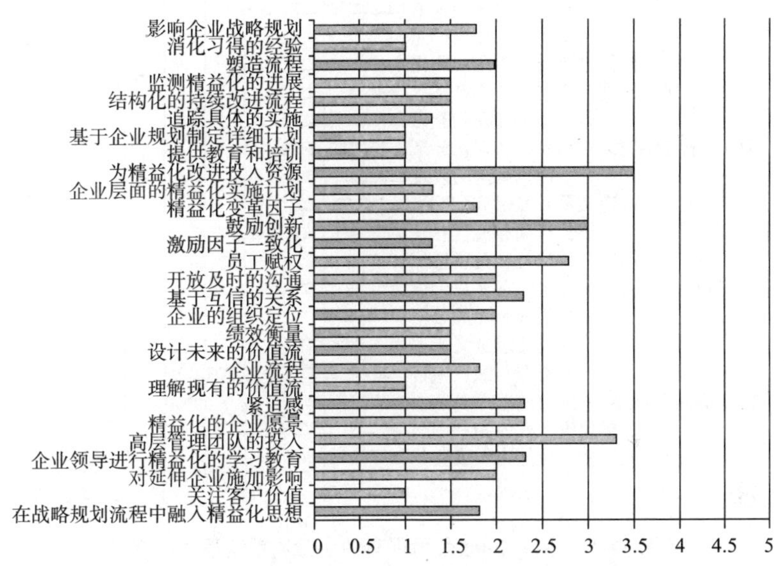

图 11-10　StayCool 公司现有的领导层 / 转型流程成熟度

LESAT 领导层成熟度评估的最后三个部分都和转型的启动阶段有关，它们显示了很大的差异。在建立及完善转型计划方面，缺乏计划很自然地会导致分数过低。但是，在为改进投入资源方面分数很高。这再次显示管理层有意愿且已准备好进行转型，但他们需要理解如何实现。转型初期在实施倡议方面分数很低，关注持续改进方面分数也很低。

图 11-11 总结了 StayCool 公司的生命周期成熟度。这里我们再次看到，一支充分授权的员工队伍利用程度高，但因缺乏对成长和绩效管理的关注而带来

了不良结果。开发产品和流程方面分数的差异反映了产品和流程中并没有考虑客户价值和下游利益相关者价值。采购分数也比较低，说明 StayCool 公司持续面临着制定供应链管理流程方面的挑战。但是 StayCool 公司设立了一个专门负责采购的职位，这一方向是对的。

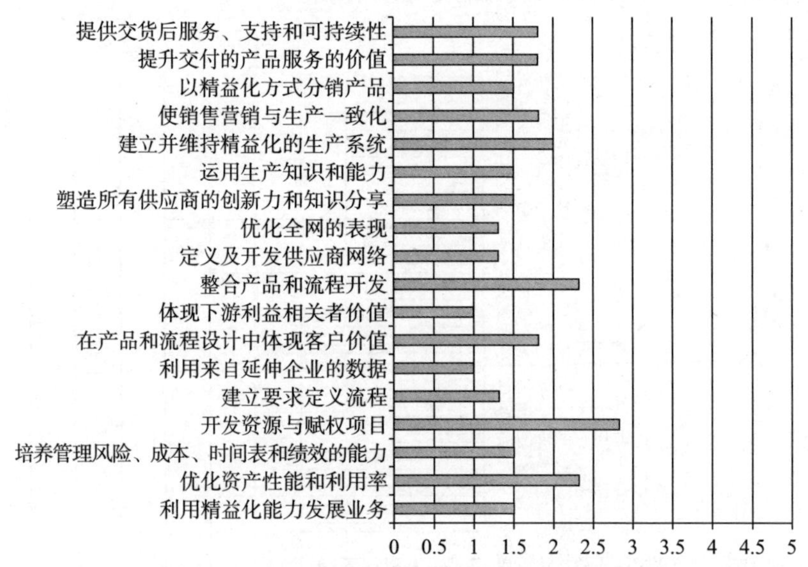

图 11-11 StayCool 公司现有的生命周期流程成熟度

生产的分数也相对较低。某刚上任的生产经理拥有精益生产方面的背景，一上任就马上做出变革，包括清洁生产区域，优化生产线提高生产率，消除安全隐患，启动标准的制定，制定并实施关于人、出勤和绩效的度量指标。但是这些措施只是一个起点。同时在产品分销和服务方面的分数也体现出了改进，大多是来自使销售对应生产的措施，这使得客户的反馈（在销售中收集）能够和生产沟通。

如图 11-12 所总结，StayCool 公司在 LESAT 的赋能这一部分评分最高。此结果显示公司已准备好进行变革，对它持开放态度。管理层通过各举措参与其中，对实施这些举措感到很兴奋。StayCool 公司的财务系统经过设置，使支撑业务结构的必要变革可以实现，同时不违背合约要求，这其中包括它能够收集所需信息的能力(这是实施度量指标系统的必要条件)。流程标准化正在启动中，这也强烈表现出在公司所有领域都将继续深入的迹象。最后，由于公司的规模，实施一致的工具和系统证实为比较容易。

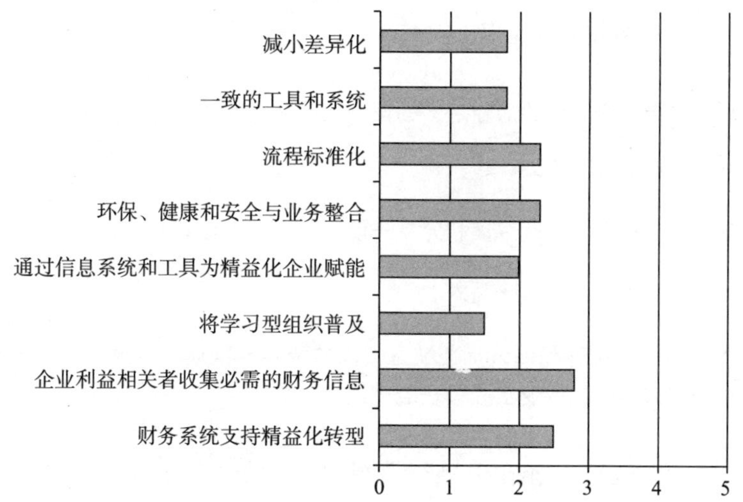

图 11-12　StayCool 公司现有的赋能基础设施流程成熟度

有意义的度量指标将有助于提升 LESAT 对于 StayCool 公司或任何其他公司的作用。StayCool 公司的计划是制定度量指标，让所有人看到业务表现，也看到每一个人是怎样为公司利润做贡献的。其中重要的一部分就是必须包括领导层如何对持续改进方式进行沟通。

StayCool 公司的浪费透镜

转型团队识别出几个浪费源头。就客户而言，浪费源头之一是产品开发和生产进行投资之前不进行市场研究带来的机会成本。公司就某些产品持有以几年计的库存，这些产品没有需求，存放在工厂中。客户反馈的缺失还带来了一重浪费：StayCool 公司收集到的产品质量和功能方面的信息流延迟。

和供应商相关的浪费的来源是，购买流程是临时性而非结构化的，因此它无法进行某些节约。研发和产品部门之间沟通和互动不充分带来了信息的浪费。

我们发现流程浪费源于以下因素：

◎ 缺乏贯穿整个企业的清晰定义的信息和产品流流程。

◎ 生产设施低效利用。

◎ 缺乏一个信息系统来存储和分享先前研发生产中得到的经验。

◎ 生产规划没有考虑实际需求。

◎ 军用产品的设计和测试标准缺乏清晰的流程和描述，导致过程高度重复，带来不必要的返工和较长的周期耗时。

缺乏正式的企业规划循环，带来了领导层相关的浪费，这意味着 StayCool 公司无法界定并修改其愿景和战略目标。相反，一直以来该公司在做出相应回应之后，并没有规划好最佳的执行方式。缺乏企业绩效衡量系统加剧了领导层的问题。

最后，StayCool 公司的资源管理无法促成研发项目的高效执行。因此，由于工程资源在截止日期之前在项目之间或在项目和方案之间发生转移，产生了浪费。高质的工程师是 StayCool 公司最具价值的资产，而由于执行研发项目过多使得他们失去了很大一部分的时间。

StayCool 公司未来状态愿景

高层领导在理解了现状之后，便转向另一项任务，也就是明确描述StayCool 公司未来状态的愿景。他们知道需要专注于成长。在有了在几年中积累的智力资本后，StayCool 公司高层领导认识到他们相对竞争对手已具备了巨大优势，但是如果没有在接下来 5 年中利用这一优势成长，便可能失去这一优势。同时，他们也艰难地接受了这一基本事实：他们确实没有相关的规划、沟通和基础设施，来将研发导向型的机构转化为在商用产品、军用产品和研究各方面都更均衡稳定布局的公司。

高层领导为 StayCool 公司的业务组合描述了以下愿景：

> 今天，StayCool 公司的制冷产品为 80% 的美国服务基地所应用，同时这被美国酒店协会评为优选产品。我们的科技已发展为双重用途产品，因此商用市场因商业周期带来的的变化会被防务市场抵消，反之亦然。今天，我们的业务组合均衡地分布在核心研究、军用产品开发、商用产品开发。除了 SBIR 项目带来的研究经费赞助，我们也与 MIT 斯隆自动化实验室建立起合作伙伴关系，取得了国家科学基金会的赞助，开发下一代便携式柴油发动机。

StayCool 公司的领导层同时也理解人是公司成功的核心。但是由于StayCool 公司向制造业这一新的能力领域的进发，员工间的关系越来越紧张。在转型中采取的大胆举措将让更多新人加入，这使 StayCool 公司独特的家庭式文化和员工较高的满意度面临风险。领导团队就人力这一领域描述了它的愿景：

> 在最近进行的最近雇主评选中，美国供暖、制冷与空气调节工程师

学会（ASHRAC）将 StayCool 公司评为第 3 名。我们的主要研究人员担任《国际制冷杂志》、《热转化杂志》和《热能科学与工程应用杂志》的编辑委员会职位。除了 CEO 以外，还有两位研究组长通过评选进入国家工程院。在关于工作环境的一份简介中，《人力资源管理杂志》将 StayCool 公司描述为一家具有浓厚创业氛围和协同流程与基础设施的公司。

StayCool 公司的重点关注领域

依据路线图完成了现状评估之后，StayCool 公司的高层领导为其转型识别出五大重点关注领域：

◎ 企业层面的规划。

◎ 知识管理。

◎ 员工满意度。

◎ 沟通。

◎ 关系管理。

这些关注领域，源自现状分析透镜和对未来愿景进行清晰描述而得出的 15 个断层 / 机会。高层领导相信，将转型专注于这些领域将使他们得以如未来愿景所说的那样，有效管理从研发导向性企业向具备更均衡业务组合企业的演变。他们想要在不失去研发型文化，并且确保员工能持续对企业保持高满意度的前提下，达成转型。

表 11-7 详细说明了第一个重点关注领域：企业层面的规划。StayCool 公司认识到公司必须制定正式的企业规划方法，以此确定公司未来战略和生产或产品开发标准流程。公司在规划过程中必须解决的一大挑战，就是制定一个对各职能部门都行之有效的激励机构，同时追踪整体的企业价值传递。

StayCool 公司一直都知道其智力资本和员工在创造和积累知识的过程中起到的作用。公司初始规模较小，因此比较容易进行战术知识分享和面对面会谈。但是，要实现计划中的发展，高层领导知道他们需要实施正式的知识管理战略，找到增进合作的新方法（企业项目之一几乎完全着重于设计物理协作的空间）。

领导团队识别出的另一个挑战和 StayCool 公司未来沟通语言的多样性相关联，包括生产、产品开发和研究等方面。它不是强制要求所有员工都要熟悉这三种语言，而是决定成立培训项目，使所有人都熟悉两种语言——自己本职能领域的语言和转型的语言。

这一转变需要同时明确地改变员工治理政策，以及改变企业为确保员工对工作一直保持热情而实行的激励政策。

表 11-7　　企业层面规划的重点关注领域

重点关注领域	断层 / 机会
企业层面的规划	SV3：我们向产品开发（商用和军用产品）的转变减少了原先研发工作带来的学习灵活度。这影响了我们发展人力资本的能力
	P1：产品开发流程的整合效度不高，带来了大量返工，常导致设计在完工时被弃用
	P3：我们管理研究合约和产品开发之间工作分配的政策不起作用
	P4：商用产品生产流程是大规模批量化方式，与客户需求不对接，带来了大量库存（对那些没有在市场中销售的产品则更甚）
	P5：生产中没有建立有效的质控系统，为利益相关者带来了低质的印象
	P6：为了在重要的 SBIR 期限或其他项目期限前完工，经常抱有全员动员的心态，导致军用产品开发工作很不稳定
	PM2：没有关于方案质量或学习的衡量标准
	PM1：各激励因子不一致，结果是个人行为和企业价值最大化不一致，即生产员工基于产量指标获取奖励，而主研究员激励因子是基于不超预算的比例

续前表

重点关注领域	断层 / 机会
	PM3：没有实行企业整体的绩效管理系统
	A1：我们才刚刚开始成立跨职能团队
	A3：现有的绩效管理系统不足以真正衡量和理解企业绩效

表 11-8 详细说明了知识管理重点关注领域。表 11-9 详细说明了员工满意度的重点关注领域。表 11-10 详细说明了沟通相关的重点关注领域。即使在现在，与 StayCool 公司关键利益相关者的沟通也并不是很有效，不管是领导与员工沟通还是与客户及供应商沟通。为了实施发展的愿景，StayCool 公司就必须使整个企业都接受该愿景，打造使客户和供应商融入企业之内的必要基础设施。

表 11-8　　知识管理的重点关注领域

重点关注领域	断层 / 机会
知识管理	SV3：SV3：我们向产品开发（商用和军用产品）的转变减少了原先研发工作带来的学习灵活度。这影响了我们发展人力资本的能力
	P1：产品开发流程的整合效度不高，带来了大量返工，常导致设计在完工时被弃用
	P3：我们管理研究合约和产品开发之间工作分配的政策不起作用
	PM2：没有关于方案质量或学习的衡量标准
	EM2：在转型方面没有适用于整个企业的统一词汇
	W3：研发和产品开发之间的沟通效度不高

表 11-9　　员工满意度重点关注领域

重点关注领域	断层 / 机会
员工满意度	SV1：缺乏来自领导层的沟通
	SV2：我们需要关注我们维持或提升员工满意度现有水平的能力

续前表

重点关注领域	断层 / 机会
	P3：我们管理研究合约和产品开发之间工作分配的政策不起作用
	P6：为了在重要的 SBIR 期限或其他项目期限前完工，经常抱有全员动员的心态，导致军用产品开发工作很不稳定
	A2：方案撰写不是总和战略目标相一致，赢得合约的能力取代了一致化的能力

表 11-10　沟通相关的重点关注领域

重点关注领域	断层 / 机会
沟通	SV1：缺乏来自领导层的沟通
	SV4：关于企业愿景和方向的沟通太少，仅仅只是员工通过自己朋友和同事这一非正式渠道得到一些信息
	SV5：我们无法有效关注客户需求，因为我们和这些利益相关者没有建立起有效的反馈或沟通渠道
	EM1：我们对企业转型有着强烈欲望，但没有关于公司通过转型将会达成什么结果方面的愿景
	EM2：在转型方面没有适用于整个企业的统一词汇
	W3：研发和产品开发之间的沟通效度不高

表 11-11 详细说明了关系管理方面的重点关注领域。

表 11-11　关系管理的重点关注领域

重点关注领域	断层 / 机会
关系管理	SV5：我们无法有效关注客户需求，因为我们和这些利益相关者没有建立起有效的反馈或沟通渠道
	SV6：我们的供应商希望建立起长期成熟的关系，但现在我们无法建立这些关系
	P4：商用产品生产流程是大规模批量化方式，与客户需求不对接，带来了大量库存（对那些没有在市场中销售的产品则更甚）
	P5：生产中没有建立有效的质控系统，为利益相关者带来了低质的印象

续前表

重点关注领域	断层 / 机会
	P6：为了在重要的 SBIR 期限或其他项目期限前完工，经常抱有全员动员的心态，导致军用产品开发工作很不稳定
	PM1：各激励因子不一致，结果是个人行为和企业价值最大化不一致，即生产员工基于产量指标获取奖励，而主研究员激励因子是基于不超预算的比例
	W1：在开始产品开发和生产前没有进行市场调研带来极大的机会成本
	W2：我们的采购流程是临时性的，意味着某些时候需要等供应商供应某些特种元件（因为我们和他们之间没有建立长期关系）

在识别出了这 5 个重点关注领域和相关的断层和改进机会后，StayCool 公司制订了转型计划，包含了涵盖各重点关注领域的 13 个项目（见图 11-13）。在撰写这本书的时候，基于这一计划的转型措施已初见成效。在 StayCool 公司实施了结构化的治理系统之后，CEO 便每季度进行一次回顾，企业项目推动者每两周进行一次项目追踪，企业在达成愿景方面进展良好。

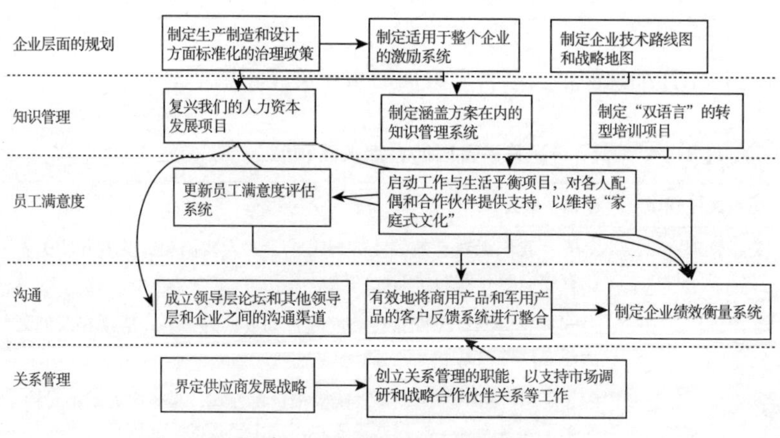

图 11-13　StayCool 公司的企业项目

通过七大原则回顾转型

StayCool 公司沿企业转型路线图的转型之路基于前文介绍的企业转型七大原则。这些原则（表 11-12）确立了成功转型的基础，路线图的每一个步骤都植根于这些原则。

StayCool 公司的 CEO 认识到公司必须发展下去，事实上它也在不断发展。他并没有停止其发展，让 StayCool 公司可以逐渐修正所有的可能断层，或将企业文化改变为一个均衡地进行研究、产品开发和生产等工作的文化。他意识到唯一有用的方式是**采取整体式的企业转型方式**。

表 11-12　　企业转型原则

- ➢ 在企业转型中采取整体式路线
- ➢ 确保领导层致力其中，以推动企业行为，并使之制度化
- ➢ 识别相关的利益相关者并确定他们的价值主张
- ➢ 专注企业效率前先专注企业效用
- ➢ 处理企业内外的相依赖因素
- ➢ 确保整个企业内部的稳定性和流动性
- ➢ 注重组织层面的学习

尽管细节有所不同，但是 StayCool 公司面临的挑战和所有企业面临的都差不多。高层领导需要做出选择：领导企业进行不连续的变革，使他们可以补救一些东西，回应某些挑战，或者他们也可以后退一步，采取整体式视角，界定企业真实现状，并相对应地界定企业未来愿景，以及它在企业价值主张的背景下如何实现这一步。

StayCool 公司的历史变革并不像罗科公司那么多，但是领导人认识到，制定单个转型项目而非一系列可能不协调的事件很重要。这就是整体式的行动方式。

公司的转型之路从哪里开始呢？必须始于领导层以及第二大原则：**确保领导层致力其中**，以推动企业行为并将它制度化。高层领导层如果不致力其中，即便你在组织不同层面启动的变革可能带来某些益处，你也无法实现这些局部变革可以带来的企业层面的作用。高层领导如果不基于整体式的企业思维来致力其中，你的企业将无法得到必需的空间，使转型可以蓬勃发展并在整体绩效方面实现更大的作用。作为转型计划的一部分，在实施新政策和操作实践的同时，高层领导的致力参与可以克服重大变革期间可能出现的绩效降低。高层领导的指导使企业可以沿正确的道路前进，确保他们可以收获转型的果实。

StayCool 公司的转型不仅得到了 CEO 的支持，也得到所有职能领域和三个跨职能价值流领导层的支持。

我们在引言中指出企业价值主张有效地体现了企业为何而存在，即它存在的理由。第三个原则强调了需要具体地探索企业和关键利益相关者之间交换了什么价值，并评估该价值交换的表现：**识别相关联的利益相关者，确定其价值主张**。在评估现状，并发现企业价值主张与企业关键利益相关者不一致的时候，转型的需求就更突出了。

这一关键是研究价值在利益相关者和企业之间的双向流动。StayCool 公司的员工价值交换分析显示，领导层正在艰难地应对着一个根本性的问题：如何在平衡提供研发自由度的需求的同时维持有纪律的工作执行。StayCool 公司一直都能够在预期交付日期向客户供应产品，但只有在进行了利益相关者分析之后，领导层才了解到这一策略对其员工的影响。对客户这一利益相关者进行的分析使领导团队很吃惊。他们一直都假定如果能够在最终交付期限前交货，公司就没有问题。但是，详细分析客户价值交换后，一幅不同的图景显示出来：关注客户需求很重要，但很缺乏。

可能就像你的公司一样，StayCool 公司也认识到了它必须努力将其价值主张和多个利益相关者群体的价值一致化。毕竟，StayCool 公司就像其他所有企业一样，因为能为利益相关者创造独特价值而存在。这将 StayCool 公司引向了第四个原则：**专注企业效率前先专注企业效用**。

效率和效用在企业转型中并不是一种取舍关系。这一原则指的是先确定你是否在做对的事,再确定你是否以对的方式在做这些事。可能和你的公司一样，对 StayCool 公司来说，领导层意识到为了达成高效用，企业必须以一种能维持研究导向这一焦点的方式来发展。这就是对的事，用对的方式来做这件事意味着不要为了研究而研究。另外一件对的事是拓展企业产品和服务的应用，其中一个对的方式就是利用现有的关系。StayCool 公司同时还意识到，它不仅在生产方面没有对的流程，为利益相关者带来了低质的印象，同时在管理资源分配方面也没有对的政策，导致员工很不满意。团队识别出什么是对的事后，企业便马上可以通过流程和政策来修正转型中可以提升整个企业效用和效率两者的部分。

企业整体观点突出了第五个原则：**处理企业内外的相依赖因素**。企业不是孤立存在的。它们是流动的生态体系的一部分，在这个体系中内外部的相依赖因素在不断演变着。现状分析的透镜使它得以将这些原则转化为行动。

比如，前文中 StayCool 公司的流程架构透镜说明了企业最高效用的价值流（赢得 SBIR 赞助）可以大幅提升。公司需要建立起统一的内部方案审议流程，创建一个向所有方案撰写者开放的共享知识库。另外，这些透镜显示了一个 StayCool 公司多次遇到的问题：启动某一项目的人员并不一定是完成这一项目的人。

我们的第六个原则强调了信息和资源顺畅流动的需要：**确保整个企业内部**

的稳定性和流动性。StayCool公司的流程架构透镜显示的结果很显然体现了这一重要原则。可能你的企业也像Staycool公司一样，一大部分的价值是通过知识类工作创造出来的。人们需要能够在较长的时期内专注某些项目，才能有切实的成果。缺乏稳定性通常意味着员工到头来总是做无谓的重复性劳动。人和知识无法在StayCool公司整个企业中流动意味着总体绩效受损。

StayCool公司启动了转型之路，来解决公司面临的这些挑战，抓住多个机会。它通过整体式的路线，评估了企业现状，并制订了转型计划。所有转型行动的核心都是消化习得的经验，并传播学到的东西——StayCool公司也旨在做到这一点。我们最后一个原则旨在建立这样一个企业，它可能会犯很多错误，但一个错误不会犯两次：**注重组织层面的学习**。

我们知道，转型没有千篇一律的答案。所有企业开始这一路程后会以不同的方法衡量成功。成功的关键是你采取的路线是否以企业真实丰富的图景为基础。在本书中，我们提供了分析的框架和工具，也提供了定制化转型计划并实现它的基础，它专门适用于你的企业，因为它基于你的现状。

我们多次看到，企业启动转型之路并采用这七大原则事实上可以实现整体大于部分之和的效果。和Staycool公司一样，你的企业可以从一个支离破碎的组织，变革成为一个实践对所有利益相关者价值主张的企业。

BEYOND

The Lean Revolution

附录一

精益企业自评估工具案例研究

我们贯穿本书始终，给出了几个例子，说明企业如何通过精益企业自评估工具（LESAT），在制订企业转型计划之前进行现状各方面的评估。在本附录中，我们给出了两个完整的案例研究，以此说明 LESAT 是如何应用的，从该分析中能得到什么结果。

这些案例源于一些参与研究麻省理工学院精益发展倡议的美国企业获取的数据和信息，但每一个例子实际上又是多个参与者的综合结果。公司和个人的名字都是虚拟的，具体的数据和企业信息并不映射参与该研究的具体公司。为使每一个案例说明一个特定的企业转型相关管理问题，数据经过了修改。

这些案例刚开始是由时任麻省理学院博士学位研究生的科里·哈勒姆（Cory R.A. Hallam）在 2001 年 10 月完成的。我们在本书中对他出版的内容进行了细微的调整，现在它们和刚构建时一样切题。

案例 1：先进复合航天公司

先进复合航天公司（简称 ACAI 公司）是一家年收益 4 亿美元，总部位于弗吉尼亚州的公司。ACAI 公司为商用飞机和航天器制造商生产非一级复合结构元件，同时为国防部客户生产服勤替换部件。公司雇员为 2 200 人，有负责营销、财务、人力资源、产品设计、工程、生产和客户支持的内部员工，也有225个供应商。ACAI公司为使导向高度职能化，由总裁和代表各职能部门的执行委员会进行管理。

自1994年起，公司便进行了零散的精益化尝试，这主要是几位车间经理在参加精益化生产的会议后对该概念产生兴趣而启动的。1994年到2000年之间，该公司在生产上取得了几个成果。它设立了几个能够进行单件式流程生产的元件生产线，这主要是通过生产流程的蜂巢式重组促成的。这些元件的交付周期缩减了58%，在制件（WIP）的库存时间从几周降到了几个星期。尽管这些成果赢得了生产总监的称赞，但在公司其他地方没有进行任何旨在进一步精益化的变革。

这些初始启动精益化尝试的车间经理们，因为财务追踪系统、稽查员、MRP系统、仓库经历和采购员对他们下达的要求使得价值传递流程无法进一步精益化，倍感沮丧而离开了公司。ACAI公司的总裁面临着赢取新合约和聘请通晓精益化语言的新任经理这一问题，于是他决定设立一个新职位——精益化副总裁，负责招聘新任经理并协同精益化生产系统。经历了长时间的寻找，他们找到了合适的人员——大卫·斯通加斯（David Stonegarth）担任该职位。

新任副总裁熟悉MIT精益化发展倡议（LAI）在精益化转型方面的工作。对ACAI公司过去的措施进行了长时间的回顾后，大卫告诉总裁史蒂芬·詹姆斯（Steven Jameson）公司按理应当在下一步进行企业转型。毕竟，那些离任经理识别出的很多问题都和整体企业有关，而不只是针对生产部门。新任的精益化副总裁提议ACAI公司应该应用麻省理工学院的LESAT来识别并评估公司在打造精益化方面的优势和弱势。大卫向詹姆斯保证这将只占用高管人员的少量时间，才取得了詹姆斯的同意——他不想因额外的文书工作而给这些人带来负担。

LESAT 环节

精益化副总裁大卫用几个月的时间使 ACAI 公司高管同意在日程上设立一个日期，让所有人都有空进行一个小时的会议。他使用 MIT 提供的简报材料，就 LESAT 进行了一个小时的概述，并教各位经理如何各自完成评估——他表示这项工作将不会花费超过两小时。然后他解释称将进行跟进会议，讨论评估结果。

高管带着 LESAT 材料和在三周内向大卫提交结果的指令离开了会议室。在这一段时期内，大卫在电话中解答了高管们关于“延伸价值流”“企业流”“设计未来的价值流”等术语含义的问题。到第三周结束时，12 人中只有 4 人返回了评估结果。

大卫打电话给各位高管，却不断被告知他们很忙，有空的时候会完成。最后，在恳请总裁提供支持后，高管们不得不完成评估，大卫终于收到了所有数据。在编撰数据并填充入表单后，他得到了评估结果，准备好为高管们组织一次评估后讨论。

LESAT 结果

基于 12 位参与者所作的 LESAT 评估，大卫编写了 LESAT 现有的平均分，如表 A-1 所示（完整的 LESAT 现状分析结果可在该案例最后的表 A-2、表 A-3 和 A-4 中找到）。

大卫拿到这些数据后，便着手将这些结果呈现给高层管理团队。在这次简报中，他首先回顾了 LESAT 的目的，然后又提醒各位高管该评估所用的能力成熟度模型五个层次的相关定义（大致的能力成熟度层次可在本案例研究最后的表 A-5 中找到）。他在表 A-1 中呈现了大致的结果作为他的高度总结。大部分数据似乎显示，公司具备一般的精益化意识，在几个领域实施了非正式的措施，但其效用和持久性不尽相同。

表 A-1　　ACAI LESAT 平均分

第一部分：精益化转型领导层		平均分 = 1.8
I.A	企业战略规划	1.7
I.B	采取精益范式	1.4
I.C	聚焦价值流	1.7
I.D	发展精益结构及行为	2.4
I.E	打造并提升变革计划	1.7
I.F	实施精益倡议	1.2
I.G	聚焦持续改进	1.5
第二部分：生命周期流程		平均分 = 2.3
II.A	业务获取及项目管理	2.2
II.B	要求的定义	2.3
II.C	开发产品及流程	2.6
II.D	管理供应链	2.0
II.E	生产产品	2.7
II.F	分销产品及提供服务	2.4
第三部分：赋能型基础设施流程		平均分 = 1.9
III.A	精益组织赋能因子	1.8
III.B	精益流程赋能因子	2.0

一位高管看到这些结果后评论称：

“我必须表示，看到我们用这个工具得出的评分这么低，让我很吃惊，因为我们在 ACAI 公司实施精益化已有 7 年了。LESAT 衡量我们公司的那几个领域是对的领域吗，还是说我们太过夸大了先前的生产精益化改进取得的成果？我本以为我们在这一评估上的结果会更好。”

大卫便解释称 LESAT 旨在评估企业层面的精益化转型，而公司先前的精益化生产措施只是这之中的一小部分。如果考量和公司生产相关的评估项目（特别是 II.E），ACAI 公司的评分比战略规划各领域（I.A）高得多。

在这个时候，ACAI 公司的工程总裁伊丽莎白·哈特利（Elizabeth Hartley）说话了。

> "大卫，基于你刚才所说的结果，我质疑这一工具的有效性。虽然我们在战略规划方面的评分较低，但是我们都知道各部门的经理都对各自职能部门做了战略规划，包括年度计划和五年展望计划。我们的职能部门得分绝对要比 1.7 分高。在公司所有高管都为各自部门做了战略规划的情况下，我们企业战略规划的评分怎么会如此之低呢？"

这一点引发了关于该工具的其他几个问题，大部分都是关于每个职能部门的情况的。大部分高管坚信他们部门评分应该比整体平均分高得多。这一讨论一时间聚焦在对各职能的评估相对比对企业的评估这一问题上。

直到此时，高管们除了 LESAT 整体评分较低这一点外，还难以接受出现的很多跨职能问题。大卫建议他们回顾评分很低的 LESAT 评估项目，来主持这次讨论，帮助所有人理解为什么 ACAI 公司会得到这些具体的 LESAT 结果。

在原定的一小时的最后，总裁制定了一项高层决策。

> "显然这项评估的内涵比我们看到的更多。我们在第一次评估评分很低，但我相信下一次会做得更好。作为一个企业，我建议我们应该在 6 个月后的下一次回顾中将所有评分都提高到第 3 层水平。然后我们可以设下明年第 4 或第 5 的水平，确保我们名列世界前茅。"
>
> "大卫，我们需要理解这些低评分的根本原因。"

执行委员会表扬了大卫组织评估的努力，然后结束了会议。大卫回到办公室，坐在桌边，制定了进行 ACAI 公司整体企业分析的后续步骤。

表 A-2、表 A-3 和表 A-4 呈现了 ACAI 公司完整的现状 LESAT 结果。

表 A-5 呈现了 ACAI 公司的能力成熟度层次。

表 A-2　　ACAI LESAT 第一部分结果：精益化转型领导层

路线图相关内容	精益化实践	状态	平均分	范围
I.A 企业战略规划	I.A.1 将精益化整合到战略规划流程中	现在	2.0	3
	I.A.2 关注客户价值		1.7	3
	I.A.3 对延伸企业施加影响		1.4	2
I.B 采取精益化范式	I.B.1 企业领导学习培训精益化	现在	1.3	2
	I.B.2 高层领导投身其中		1.4	2
	I.B.3 精益化企业愿景		1.5	3
	I.B.4 紧迫感		1.3	2
I.C 关注价值流	I.C.1 理解现在的价值流	现在	1.4	2
	I.C.2 企业流		2.0	1
	I.C.3 设计未来的价值流		1.2	1
	I.C.4 绩效衡量		2.0	2
I.D 发展精益化结构和行为	I.D.1 企业的组织定位	现在	2.3	2
	I.D.2 基于互信的关系		2.6	3
	I.D.3 开放及时的沟通		2.6	2
	I.D.4 员工赋权		2.5	1
	I.D.5 激励因子一致化		2.0	2
	I.D.6 鼓励创新		3.0	2
	I.D.7 精益化变革因子		1.8	2
I.E 创建并改进实施计划	I.E.1 企业层面的精益化实施计划	现在	1.2	3
	I.E.2 为精益化改进投入资源		2.0	1
	I.E.3 提供教育和培训		2.0	2

续前表

路线图相关内容	精益化实践	状态	平均分	范围
I.F 实施精益化倡议	I.F.1 基于企业计划制订具体计划	现在	1.2	1
	I.F.2 跟踪具体的实施		1.2	2
I.G 关注持续改进	I.G.1 结构化的持续改进流程	现在	1.1	2
	I.G.2 监测精益化进展		1.2	2
	I.G.3 促进该过程		1.9	1
	I.G.4 消化习得的经验		1.6	2
	I.G.5 影响企业战略规划		1.8	2

表 A-3　　ACAI 公司 LESAT 第二部分结果：生命周期流程

路线图相关内容	精益化实践	状态	平均分	范围
II.A 业务收购和项目管理	II.A.1 应用精益化能力发展业务	现在	1.3	2
	II.A.2 优化资产性能和应用		1.3	1
	II.A.3 为管理风险、成本、时间进度和绩效提供能力		3.0	2
	II.A.4 为项目开发提供资源和赋能		3.2	2
II.B 要求定义	II.B.1 建立要求定义流程，优化生命周期价值	现在	2.1	2
	II.B.2 应用来自延伸企业的数据，优化未来的要求定义		2.4	1
II.C 开发产品和流程	II.C.1 将客户价值融入产品和流程的设计	现在	2.8	2
	II.C.2 将下游利益相关者价值融入产品和流程中		2.8	2
	II.C.3 整合产品和流程的开发		2.2	1
II.D 供应链管理	II.D.1 定义并发展供应商网络	现在	1.9	1
	II.D.2 优化全网的表现		2.0	2
	II.D.3 促进整个供应商网络的创新和知识分享		2.0	1

续前表

路线图相关内容	精益化实践	状态	平均分	范围
II.E 生产产品	II.E.1 通过生产知识和能力得到竞争优势	现在	2.0	1
	II.E.2 建立并维护精益化生产系统		3.4	2
II.F 配送产品并提供服务	II.F.1 将销售和营销与生产一致化	现在	2.2	3
	II.F.2 以精益化方式配送产品		2.5	1
	II.F.3 增强交付的产品服务对客户和企业的价值		2.5	1
	II.F.4 提供交货后服务、支持和可持续性		1.7	2

表 A-4　ACAI 公司 LESAT 第三部分结果：赋能型基础设施流程

路线图相关内容	精益化实践	状态	平均分	范围
III.A 精益化企业赋能因子	III.A.1 财务系统支持精益化转型	现在	1.1	2
	III.A.2 企业利益相关者收集必要的财务信息		1.6	3
	III.A.3 将学习型组织普及化		1.5	2
	III.A.4 通过信息系统和工具为精益化企业赋能		1.8	3
	III.A.5 将环保、健康和安全融入业务中		3.1	2
III.B 精益化流程赋能因子	III.B.1 流程标准化	现在	2.0	2
	III.B.2 一致的工具和系统		2.0	1
	II.B.3 减小差异化		2.0	2

表 A-5　ACAI 公司通用能力成熟度层次

能力成熟度层次	通用定义
第一层	对这一实践具备一定意识，可能在若干领域已在进行零散的改进活动

续前表

能力成熟度层次	通用定义
第二层	一般的意识，在若干领域实行了非正式的措施，其效用和持续性不尽相同
第三层	在大多领域实施了不同阶段的系统化措施 / 方法；辅之以度量指标；持续性较高
第四层	整个企业中正在进行优化和持续改进；改进成果得以维持
第五层	在整个延伸企业中（跨内部和外部的价值流）进行了特殊的、明确定义的创新型措施；公认为最佳实践

案例二：先进电气系统公司

先进电气系统公司（简称 AESI 公司）有四个主要的业务单元：雷达（商用和军用），数据总线设计与集成（商用和军用），电子化作战系统集成服务，火力控制系统开发。该公司每个业务单元作为单独的企业运营，服务个体客户。它们共用一套支持服务系统，包括财务、人力资源、业务开发和采购，每一个都作为公司的成本中心。AESI 公司在加利福尼亚、新泽西、宾夕法尼亚和得克萨斯州的 4 个基地雇用着 11 000 名员工。该公司年收益 19 亿美元，有 450 多个供应商。

AESI 公司两年来一直都是 MIT 的 LAI 成员，业务单元高管也被派往参加 LAI 全体大会、执行委员会会议和 LAI 的一些精益化研讨会。

总裁雷·勒布朗（Ray Leblanc）坚信，航天行业不断改变的环境使得该公司需要去寻找商用领域业务的竞争优势新来源，同时提升自己对其防务合约军用客户的吸引力。在勒布朗看来，AESI 公司的未来是打造精益化企业。他寄希望于一个事实，就是转型成为精益化企业将缩减总体运营成本，提升利润率，提升公司在政府合约方面的竞争力，并为股东带来更好的回报。虽然勒布朗希望快速转型，但是他不确定公司精益化现状如何。他知道业务单元中有一些很不错的管理人员，但总体上他不确定组织对精益化原则的理解或应用如何。

大约 3 个月前，勒布朗将艾利森·休斯（Allison Hughes）提升到精益化副总裁的职位。她之前一直都是雷达业务单元的副总裁。勒布朗此次升职的目的是协同他在整个企业中的精益化目标。他和休斯以及和由业务单元和成本中心领导组成的执行委员会密切合作，于此启动了战略规划流程，把精益化作为公司核心运营哲学。休斯在企业转型路线图的指引下，认为必须进行评估，建立对转型成为精益化企业这方面的优势弱势的基本理解。在几天的战略规划过程中，休斯开始着手和执行委员会一起，去应用 LAI 的精益化企业自评估工具，以此来理解企业中各业务单元精益化现状。

LESAT 环节

第一次 LESAT 入门介绍课在一个月内进行了规划和实行。在第一次入门介绍课中，有 3 位 MIT 研究人员来到现场。黛比·奈廷格尔（Debbie Nightingale）教授概述了该工具，然后休斯描述了评估该如何进行。她的目的是高管们把评估带回到各自的业务单元或支持职能部门，并和他们的高层管理委员会一起进行该评估。然后她会收集结果，进行编撰，得到有关 AESI 公司现状的整体图景。

勒布朗请各位高管把这次评估作为重中之重。

> “伙计们，我认为转化为精益化企业是我们未来成功的核心。我觉得休斯正在做的这一评估工作是我们所有人的第一要务，因为它会让我们更好地理解我们目前的状态，以及我们作为精益化企业的方向是什么。”

AESI 公司高管们带着 LESAT 材料和在两周内向休斯提交结果的指令离开

了会议室。这个目标实现了。休斯通过一个表单编撰了所有结果，开始准备报告环节。她花了一些功夫协调日程，让 AESI 公司的所有高管都找得到时间在下周开会。

LESAT 结果

休斯的报告环节中的第一部分是和高管们一起回顾 LESAT 的目的。接着她提醒各位高管该评估所用的能力成熟度模型的相关定义。她呈现了表 A-6 所示的总体结果作为高度总结。她评论称，总体评估大约为第二层，这一事实说明他们具备一般的意识，在若干领域实行了非正式的措施，其效用和持续性不尽相同（AESI 公司的一般成熟度能力层次可见表 A-7）。

另外，休斯指出，评估中 AESI 的赋能型基础设施结果平均低于第二层（完整的 LESAT 现状分析结果见表 A-8、表 A-8 和表 A-10，包括基于所有 8 个调查对象的平均 LESAT 实践价值和反馈范围）。展示这些结果引起了数据总线设计与集成总监桑德拉·伊凡（Sandra Evans）的几个问题：

“这相对比我们在本行业的竞争对手表现如何？我们得分是否太低？这一得分对我们来说意味着什么？”

休斯提醒各位高管这次评估只是对成熟度的内部评估，不是比较不同公司的行业标准工具。她接着说，结果其实是根据 LESAT 的 54 个衡量标准对 AESI 公司精益化现状进行的一个描述。

然后勒布朗说道：

“我觉得我们必须意识到我们刚刚启动这一转型。某些领域我们显然表现的比其他更好。我们表现不佳的那些领域说明我们需要有所行动。”

会议的讨论便围绕着表 A-6 的每个 LESAT 平均分进行回顾。高管回顾了所有结果，然后讨论这一结果将对 AESI 精益化转型计划的影响。尽管这似乎能被业务单元领导所接受，但某些支持职能部门高管却很难理解他们在价值流流程中的角色。

表 A-6　　AESI LESAT 平均分

第一部分：精益化转型领导层	**平均分 = 2.2**
I.A 企业战略规划	2.8
I.B 采取精益化范式	2.7
I.C 关注价值流	1.7
I.D 发展精益化结构和行为	2.2
I.E 创建并改进实施计划	2.3
I.F 实施精益化倡议	1.6
I.G 关注持续改进	1.9
第二部分：生命周期流程	**平均分 = 2.2**
II.A 业务收购和项目管理	2.5
II.B 要求定义	2.4
II.C 开发产品和流程	2.9
II.D 供应链管理	1.7
II.E 生产产品	1.8
II.F 配送产品并提供服务	1.8
第三部分：赋能型基础设施流程	**平均分 = 1.7**
III.A 精益化企业赋能因子	1.9
III.B 精益化流程赋能因子	1.5

财务总监詹姆斯·德万特（James Devans）开口说道：

“我可以理解我们在某些领域需要提升，如关注得分 1.7 的价值流，或者得分也是 1.7 的管理供应链，但我不清楚财务部门是如何向终端客户提供价值的。我想把这搞清楚。”

这一点引出了另外几个关于价值流从不同角度是如何定义的问题。它只是从客户角度出发，还是每一个职能部门都通过单独的价值流向业务单元交付产品服务？还有，一些高管不清楚他们该如何分配资源以实施即将制订的转型计划。由于为一系列行动所需的投入将很有可能比手上的资源更多，他们该怎样将行动区分主次？他们的讨论很热烈，参与者似乎都很愿意弄清楚他们怎样才能促成企业转型。

随着会议时间所剩无几，勒布朗决定给出最后点评和行动，结束这次会议。

“我觉得我们已经就精益化现状得到了一些很好的洞察。我们不应该因具体分数而担忧，而是应该关注 LESAT 各层次说明了 AESI 公司现在的精益化成熟度的什么内容。我们已经识别出了一些可行动的问题，可以将它们涵盖到战略计划中——但我觉得这些发现突出了一点，我们有必要做更深入分析。休斯，你可以进行下一步骤，为我们找到构建可行动转型计划的方法吗？”

执行委员会对休斯协调评估过程的努力称赞有加，对采取企业角度看问题也感到很兴奋。

表 A-7 呈现了 AESI 公司的总体能力成熟度层次。

表 A-8，表 A-9 和表 A-10 呈现了 AESI 公司的 LESAT 现状分析结果。

表 A-7　　AESI 公司通用能力成熟度层次

能力成熟度层次	通用定义
第一层	对这一实践具备一定意识，可能在若干领域已在进行零散的改进活动
第二层	一般的意识，在若干领域实行了非正式的措施，其效用和持续性不尽相同

续前表

能力成熟度层次	通用定义
第三层	在大多领域实施了不同阶段的系统化措施 / 方法；辅之以度量指标；持续性较高
第四层	整个企业中正在进行优化和持续改进；改进成果得以维持
第五层	在整个延伸企业中（跨内部和外部的价值流）进行了特殊的、明确定义的创新型措施；公认为最佳实践

表 A-8　AESI 公司 LESAT 第一部分结果：精益化转型领导层

路线图相关内容	精益化实践	状态	平均分	范围
I.A 企业战略规划	I.A.1 将精益化整合到战略规划流程中	现在	3.5	1
	I.A.2 关注客户价值		2.0	2
	I.A.3 对延伸企业施加影响		3.0	1
I.B 采取精益化范式	I.B.1 企业领导学习培训精益化	现在	2.5	1
	I.B.2 高层领导投身其中		3.5	1
	I.B.3 精益化企业愿景		2.2	1
	I.B.4 紧迫感		2.4	1
I.C 关注价值流	I.C.1 理解现在的价值流	现在	1.7	2
	I.C.2 企业流		2.0	1
	I.C.3 设计未来的价值流		1.5	1
	I.C.4 绩效衡量		1.6	2
I.D 发展精益化结构和行为	I.D.1 企业的组织定位	现在	2.0	2
	I.D.2 基于互信的关系		2.2	1
	I.D.3 开放及时的沟通		2.0	1
	I.D.4 员工赋权		2.5	1
	I.D.5 激励因子一致化		1.4	2
	I.D.6 鼓励创新		2.8	1
	I.D.7 精益化变革因子		2.2	1

续前表

路线图相关内容	精益化实践	状态	平均分	范围
I.E 创建并改进实施计划	I.E.1 企业层面的精益化实施计划	现在	1.9	1
	I.E.2 为精益化改进投入资源		3.0	1
	I.E.3 提供教育和培训		1.9	1
I.F 实施精益化倡议	I.F.1 基于企业计划制订具体计划	现在	1.2	1
	I.F.2 跟踪具体的实施		2.0	1
I.G 关注持续改进	I.G.1 结构化的持续改进流程	现在	1.6	2
	I.G.2 监测精益化进展		2.0	2
	I.G.3 促进该过程		2.0	1
	I.G.4 消化习得的经验		2.0	1
	I.G.5 影响企业战略规划		2.0	2

表 A-9　　AESI 公司 LESAT 第二部分结果：生命周期流程

路线图相关内容	精益化实践	状态	平均分	范围
II.A 业务收购和项目管理	II.A.1 应用精益化能力发展业务	现在	1.9	1
	II.A.2 优化资产性能和应用		2.4	1
	II.A.3 为管理风险、成本、时间进度和绩效提供能力		3.0	1
	II.A.4 为项目开发提供资源和赋能		2.8	2
II.B 要求定义	II.B.1 建立要求定义流程，优化生命周期价值	现在	2.4	1
	II.B.2 应用来自延伸企业的数据，优化未来的要求定义		2.4	1
II.C 开发产品和流程	II.C.1 将客户价值融入产品和流程的设计	现在	3.0	2
	II.C.2 将下游利益相关者价值融入产品和流程中		3.2	1
	II.C.3 整合产品和流程的开发		2.4	1

续前表

路线图相关内容	精益化实践	状态	平均分	范围
II.D 供应链管理	II.D.1 定义并发展供应商网络	现在	1.4	1
	II.D.2 优化全网的表现		1.8	1
	II.D.3 促进整个供应商网络的创新和知识分享		1.9	1
II.E 生产产品	II.E.1 通过生产知识和能力得到竞争优势	现在	2.0	1
	II.E.2 建立并维护精益化生产系统		1.5	2
II.F 配送产品并提供服务	II.F.1 将销售和营销与生产一致化	现在	2.0	1
	II.F.2 以精益化方式配送产品		1.5	1
	II.F.3 增强交付的产品服务对客户和企业的价值		2.0	1
	II.F.4 提供交货后服务、支持和可持续性		2.3	2

表 A-10　AESI 公司 LESAT 第三部分结果：赋能型基础设施流程

路线图相关内容	精益化实践	状态	平均分	范围
III.A 精益化企业赋能因子	III.A.1 财务系统支持精益化转型	现在	1.1	1
	III.A.2 企业利益相关者收集必要的财务信息		2.0	1
	III.A.3 将学习型组织普及化		1.5	1
	III.A.4 通过信息系统和工具为精益化企业赋能		1.8	2
	III.A.5 将环保、健康和安全融入业务中		2.9	1
III.B 精益化流程赋能因子	III.B.1 流程标准化	现在	1.4	1
	III.B.2 一致的工具和系统		1.2	1
	II.B.3 减小差异化		2.0	2

BEYOND

The Lean Revolution

附录二

其他方法和流程分析的对比概括

如前文所述，企业转型的流程架构分析整合了商业中广泛应用的几个不同方法的概念。这些方法包括价值链分析、商业流程重构、价值流图析和商业流程建模。每一个都最适用于某特定的分析单元。不过，我们扬长避短，创建了一种更广泛、更稳健的流程架构分析法，使你得以识别机会，变革企业创造利益以及向关键利益相关者传递价值的方式。

其他的这些方法应用非常广泛，很多读者也很熟悉，因此我们可以进行对比，来说明我们为什么选择建立自己专用于企业转型的综合流程。以下为这些方法的概况。

价值链分析

迈克尔·波特（Michael Porter）于 1985 年在《比较优势》一书中构建了他的价值链概念，其基础概念是企业可以通过不同于竞争对手的定位而取得竞争优势。但是波特意识到，撇开组织内部的各职能和活动来谈论定位是不够的。因此他引入了一种通用的价值链模型，这个模型由他在大多数公司都可以看到的一连串活动构成。

在波特的通用价值链中，他把九个活动分成两大类：一级活动（入站物流、运营、出站物流、营销与销售、服务）和支持性活动（公司基础设施、人力资源管理、技术开发、采购）。在这种价值链中，一家公司的产品按顺序通过价值链的所有活动，在每一个活动处都得到增值。价值链给予产品的增值比所有单个活动带来的增值总量更大。

价值链分析的核心是：组织应进行什么样的活动、如何进行这些活动，组织链条才能尽可能使增值最大化，从而更好地竞争。

从企业的角度来看，价值链分析有若干不足。首先，它聚焦于业务单元作为分析的单元，只根据客户定义的方式去关注价值。其次，它着重于提升竞争地位，这虽然值得称道，但却只针对企业转型中的一个元素而已。竞争地位可以通过企业战略目标来反映，但是要真正转型却还需要理解其他方面。

商业流程重构

商业流程重构（BPR）在 20 世纪 90 年代第一次流行起来——根据其创建者迈克尔·哈默（Michael Hammer）的说法，可通过它“达成对商业流程的根本反思和再设计，从而在重要的现代绩效衡量标准上得到大幅提升，包括成本、质量、服务和速度”。BPR 的优势在于，它着重于在分析商业流程并完成再设计之后，通过强大的自上而下领导力和员工赋权而进行根本变革。

BPR 涉及分析和设计组织的工作流和流程。它提供了一种方式，来评估组织打造产品服务的步骤流程是否符合某特定客户或市场需求。通常来说，BPR 分析涉及将企业流程分解成特定活动，从而得以衡量、提升、彻底重新设计或合并消除企业流程。于是，经分析和重新设计的所有流程便形成了整体重构活动的支柱。

进行 BPR 可以借助各种各样的框架，还有很多工具和技巧。但是，虽然 BPR 已经提升了部分组织绩效，却从没有涵盖全面的企业转型。BPR 总体上都着重于与单个业务流程相关联的单个项目，只覆盖单个利益相关者。通常来说，这个利益相关者就是客户。

在缺乏企业整体视角的情况下，BPR 会为你带来风险，那就是改进流程的同时无法将该行动融入整体企业转型中去。

价值流图析

价值流图析（VSM）来自精益生产。它始于丰田对材料和信息流动的图析，也检查了组织中实际为考量范围内特定产品服务增值的特定部位。

通过 VSM，你可以识别出待分析的产品、产品族或服务。然后，你可以绘制出图表，显示当下的价值流，也就是交付考量中的产品服务所需的步骤、延时和信息流。价值流可以以设计（从概念到发布）或生产（原材料到客户）的形式展示出来。价值流图表显示了价值流中的所有步骤，你可以依据价值流图表评估这一步是属于增值的、有必要却不增值的还是纯粹不增值的。你可以通过消除价值流上的浪费、打造理想的未来价值流来找到提升生产率的方法。然后，你需要确立改进项目来寻求达成这一未来状态。

价值流图析是一个很有用的工具，但从企业转型的角度来看，VSM 有两个重大缺陷。其中之一是，并非所有转型行动都通过消除浪费来提升生产率。另一个缺陷是，VSM 基本上不支持塑造高层领导对于整体企业的有效理解。随着价值流图越来越复杂，出现了子系统和子流程，于是它更加难以读懂，更难以分析。理想情况下，企业领导应当能够通过整体眼光看待关键的企业流程，然后，在适当情况下可以把更细致的价值流图当作企业的具体改进流程使用。

商业流程建模

第四个普遍的分析法是商业流程建模（BPM），它可以追溯到过去 120 年间出现的多种建模法，从 20 世纪初期的甘特图，到 20 世纪 50 年代的波特图以及 20 世纪 70 年代的软件工程领域的综合定义（IDEF）建模法。“商业流程建模”这一个词语在《自动化》（*Automation*）杂志 1967 年的一篇文章中首次出现，其假定是一直用于理解物理控制系统的技巧同时也可以帮助理解商业流程。

在 BPM 中，对流程的标准定义是“为向客户提供产品或服务所必需的横向或纵向的组织形式，这种组织形式包含了各任务、角色、人、部门和职能之间的相依存关系”。通常来说 BPM 识别出了三种流程：管理系统运营的管理流程，构成核心业务并创造了主要价值流的运营流程，以及支持核心业务的支持性流程。这几大类和我们所使用的 LAI 企业流程架构（见前文）很类似。就 BPM 来说，各流程被分解为子流程，其分析包含细致到活动层面的图析。

BPM 中的模型代表了一个或多个流程，识别出了如何为完成预期目标而进行运营。它可能会描述不同流程之间的融合或工作流。

BPM 存在的问题是，工作流只以典型方框或直线型图表来捕捉工作的流动。但是这样的图表无法给出一个超越二维流程呈现形式的视图。通过 BPM 创建的模型无法识别出某项工作得以完成背后的原因，甚至也无法说明是谁完成了这一件工作。因此，BPM 作为企业转型工作的价值有限，因为这一方法针对企业层面的流程，为决策者提供一种易于理解但却能捕捉企业复杂信息的整体呈现方式，使它不仅能分析企业做什么（即流程），还能分析相关者是怎样做的，以及他们为什么这样做。

Beyond
The
Lean Revolution

译者后记

转型升级是当今理论和实践界的热门话题，市面上写企业变革的书很多，其中不乏名家名著。为什么选择这本出自两位 MIT 知名学者的著作介绍给国内读者呢？总体来说，《超越精益》一书的价值主要体现在以下三点：

第一，本书提出了企业变革的七大原则，其中最重要的是第一原则“在企业转型中采取整体式路线”。这是本书的主旨，也是系统思维的结果。**谈论组织变革，首要且根本的一个问题是：组织中什么可以被改变？**本书对这一问题做出精妙的回答，正如本书的原书名（《Beyond The Revolution》，直译为《超越精益》所表示的，作者的答案是“整体变革”。“整体”是相对“局部”而言的，超越精益意味着变革不仅是**运营层面的**（这是精益理念的最早来源，不管是精益生产、精益管理、精益设计和精益供应，精益思想的核心都是消除浪费），包括质量改进、工作提升、团队建设、培训激励等，还涉及**战略层面的**，包括战略调整、组织重构、文化和远景重塑等。同时，从现代视角来看，由于企业不是“一个单独的组织”，而是一个利益相关者基于价值流构成的网络，因此最终需要关注到原有组织边界之外，即**系统层面**：企业转型不仅仅是“一个组织之内”的事情，它也离不开企业所在的整个生态系统的参与和努力。

也就是说，本书从微观（运营）到宏观（战略）和（网络）系统层面，构建了一个相对完整的“变革立方”。

第二，本书提出了企业变革的路线图，如前所述，企业转型路线图基于这样一个假设：全面变革并不是对企业进行微调（精益变革），而是一盘棋式的彻底改造，因此企业转型路线图包括战略循环、规划循环和执行循环三个循环，这意味着企业变革是比一般的战略规划级别更高的一种企业活动。值得一提的是，这个循环集合中的关键步骤是利益相关者的识别及其在全面变革中的应用。利益相关者理论并非作者的首创，实际上它是战略的一种典型视角（其他视角还有环境视角和资源视角），其最早的定义之一来自爱德华·弗里曼，后者在他的经典著作《战略管理：利益相关方法》极大地拓宽了战略研究的思路，使人们认识到企业竞争优势的来源除了产业和自身资源能力以外，还包括利益相关者（以及利益相关者的利益相关者等）。作者成功地把这一理论和方法应用于企业变革，以译者有限的见识，这是在企业变革领域的首创，反映了作者对什么企业、如何进行企业变革的真正洞见：从小处入手逐渐变革或许在某一时期、某一阶段是有效的（《追求卓越》的作者汤姆·彼得斯是这一变革论的坚定支持者），但是大刀阔斧的全面变革依然是必须的。

第三，本书提出了一些具有通用性的方法和工具（七大透镜），这使得企业变革有章可循。本书不仅在变革范围、变革幅度、变革方式等方面具有真知灼见，在变革节点亦同样给人以很深的启发。一般来讲，企业变革发生在企业生命周期（萌芽期、成长期、成熟期和衰退或转型期）的第四个阶段。然而，本书认为，企业变革是各个阶段企业领导者都必须考虑的问题。这和畅销书《赢时思变》所暗示的可谓英雄所见略同：企业不必也最好避免在绩效衰退之后才实施战略转型。正因为如此，本书提出的具有广泛意义的方法和工具适用于各个生命周期阶段的企业。当然，《超越精益》最大的应用场景还是后成熟阶段，因为在创业阶段已经有了“精益创业”、在成长阶段已经有了“成长理论”，而商学院关于成熟阶段的各种理论就更多了。

企业变革没有千篇一律的答案，转型原则、转型路线图、转型工具是企业变革领域相辅相成的一个整体解决方案，七大原则为企业转型提供了理论基础，转型路线图为这些原则的有效应用提供了框架，而七大透视镜等转型工具则为如何转型提供了切实可行的方法。

能够翻译本书需要特别感谢庄小佳女士。庄女士是我咨询生涯以及学术研究上的长期伙伴，在本书翻译的过程中作为共同译者的她对本书译稿进行了细致而全面的校对，提出了许多宝贵的意见和建议，其工作异常细致而艰苦，为此对她的无私帮助致以深深的敬意和谢意；同时也要感谢我的家人、朋友在背后默默的支持。而本书得以出版，更要感谢湛庐文化的大力支持，在此向他们表示衷心的感谢！

最后，限于译者水平有限，错误之处在所难免，敬请各位读者朋友批评指正。

蔡春华

未来，属于终身学习者

我这辈子遇到的聪明人（来自各行各业的聪明人）没有不每天阅读的——没有，一个都没有。巴菲特读书之多，我读书之多，可能会让你感到吃惊。孩子们都笑话我。他们觉得我是一本长了两条腿的书。

——查理·芒格

互联网改变了信息连接的方式；指数型技术在迅速颠覆着现有的商业世界；人工智能已经开始抢占人类的工作岗位……

未来，到底需要什么样的人才？

改变命运唯一的策略是你要变成终身学习者。未来世界将不再需要单一的技能型人才，而是需要具备完善的知识结构、极强逻辑思考力和高感知力的复合型人才。优秀的人往往通过阅读建立足够强大的抽象思维能力，获得异于众人的思考和整合能力。未来，将属于终身学习者！而阅读必定和终身学习形影不离。

很多人读书，追求的是干货，寻求的是立刻行之有效的解决方案。其实这是一种留在舒适区的阅读方法。在这个充满不确定性的年代，答案不会简单地出现在书里，因为生活根本就没有标准确切的答案，你也不能期望过去的经验能解决未来的问题。

湛庐阅读APP：与最聪明的人共同进化

有人常常把成本支出的焦点放在书价上，把读完一本书当做阅读的终结。其实不然。

时间是读者付出的最大阅读成本
怎么读是读者面临的最大阅读障碍
“读书破万卷”不仅仅在“万”，更重要的是在“破”！

现在，我们构建了全新的“湛庐阅读”APP。它将成为你“破万卷”的新居所。在这里：

- 不用考虑读什么，你可以便捷找到纸书、有声书和各种声音产品；
- 你可以学会怎么读，你将发现集泛读、通读、精读于一体的阅读解决方案；
- 你会与作者、译者、专家、推荐人和阅读教练相遇，他们是优质思想的发源地；
- 你会与优秀的读者和终身学习者为伍，他们对阅读和学习有着持久的热情和源源不绝的内驱力。

从单一到复合，从知道到精通，从理解到创造，湛庐希望建立一个“与最聪明的人共同进化”的社区，成为人类先进思想交汇的聚集地，共同迎接未来。

与此同时，我们希望能够重新定义你的学习场景，让你随时随地收获有内容、有价值的思想，通过阅读实现终身学习。这是我们的使命和价值。

湛庐阅读APP玩转指南

湛庐阅读APP结构图：

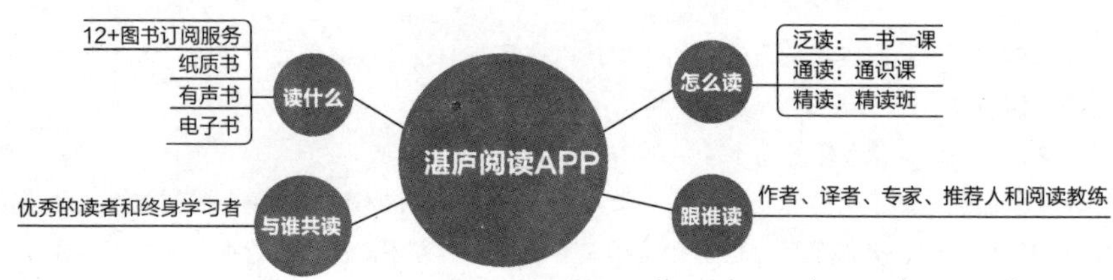

三步玩转湛庐阅读APP：

APP获取方式：

安卓用户前往各大应用市场、苹果用户前往APP Store

直接下载“湛庐阅读”APP，与最聪明的人共同进化！

使用APP扫一扫功能，
遇见书里书外更大的世界！

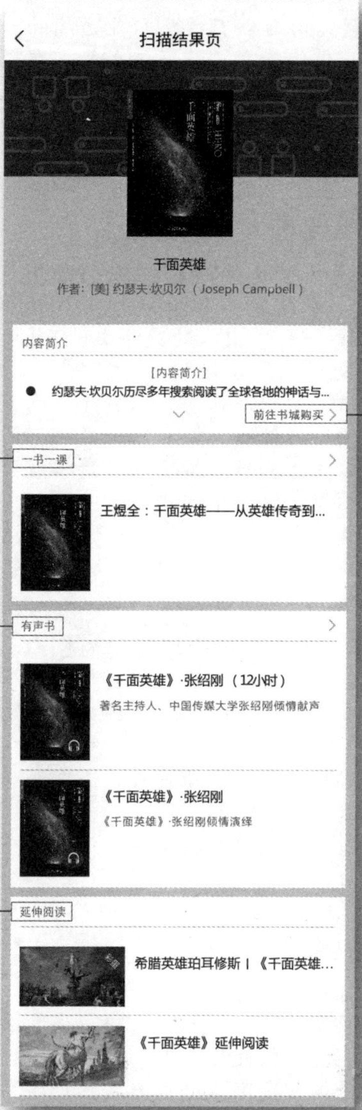

扫描结果页

千面英雄

作者：[美] 约瑟夫·坎贝尔（Joseph Campbell）

内容简介

[内容简介]

● 约瑟夫·坎贝尔历尽多年搜索阅读了全球各地的神话与...

前往书城购买 >

快速了解本书内容，
湛庐千册图书一键购买！

一书一课

王煜全：千面英雄——从英雄传奇到...

大咖优质课、
献声朗读全本一键了解，
为你读书、讲书、拆书！

有声书

《千面英雄》·张绍刚（12小时）

著名主持人、中国传媒大学张绍刚倾情献声

《千面英雄》·张绍刚

《千面英雄》·张绍刚倾情演绎

你想知道的彩蛋
和本书更多知识、资讯，
尽在延伸阅读！

延伸阅读

希腊英雄珀耳修斯 | 《千面英雄...

《千面英雄》延伸阅读

延伸阅读

《瞬时竞争力》

◎ 全球最具影响力 50 大商业思想家丽塔·麦克格兰斯最新力作！“颠覆式创新之父”克莱顿·克里斯坦森鼎力推荐！

◎ 当今环境瞬息万变，科技发展日新月异，行业之间的界限越来越模糊。智能时代、跨界、指数级成长，在这样的大环境下，竞争优势只能存活一年。企业要想获得一席之地，实现持续增长，就必须聪明割舍、持续转型并灵活跨界，采取不同的策略，抓住瞬时机遇。

《沃伦·本尼斯经典四部曲》（纪念版）

◎ 领导力之父，为领导学建立学术规则的大师，“领导学大师们的院长”沃伦·本尼斯四部曲纪念版：《领导者》《成为领导者》《七个天才团队的故事》《经营梦想》经典再现！

◎ 了解近代西方领导力思想、认识现代组织的领导力真谛、迎接当下和未来的领导力挑战。

◎ 清华经管领导力研究中心主任杨斌教授主编，清华经管领导力中心研究员、学堂在线“中国创业学院”频道主任徐中博士领衔翻译并审校！

《商业的本质四部曲》

◎“管理思想界的奥斯卡”，全球最佳管理思想的风向标，THINKERS 50 出品“商业的本质四部曲”：《管理的本质》《战略的本质》《创新的本质》《领导力的本质》隆重上市！

◎ 汇集全球最杰出的大师思想，直击企业发展痛点，洞悉不确定时代的商业本质。

◎ 清华经管领导力研究中心主任杨斌教授主编，海尔集团董事局主席张瑞敏鼎力推荐！

《企业的人性面》（经典版）

◎ 道格拉斯·麦格雷戈久负盛名之作。

◎ 作者提出两种对立的人性假设，即著名的“X 理论”“Y 理论”，叩问管理领域的终极问题：人到底是创造价值的机器，还是可以根据需要削减的成本？借助本书，他强化了研究人性假设的重要性，告诫实践者成功管理的因素虽然有很多，但首要能力莫过于拥有前瞻性和控制人性的行为。为萌生与发展现代企业管理理论营造出良好氛围。

图书在版编目（CIP）数据

超越精益 /（美）德博拉·奈廷格尔（Deborah J. Nightingale），（美）贾亚堪斯·瑞尼瓦萨（Jayakanth Srinivasan）著；蔡春华译．—杭州：浙江教育出版社，2018.6

ISBN 978-7-5536-7279-3

Ⅰ.①超… Ⅱ.①德… ②贾… ③蔡… Ⅲ.①企业管理—案例—世界 Ⅳ.①F279.1

中国版本图书馆 CIP 数据核字（2018）第 120536 号

浙江省版权局
著作权合同登记号
图字：11-2018-288

上架指导：商业管理 / 企业转型

超越精益

CHAOYUE JINGYI

[美] 德博拉·奈廷格尔（Deborah J. Nightingale） 贾亚堪斯·瑞尼瓦萨（Jayakanth Srinivasan） 著
蔡春华 译

责任编辑：罗 曼
美术编辑：韩 波
封面设计：MXK DESIGN STUDIO
责任校对：马立改
责任印务：时小娟
出版发行：浙江教育出版社（杭州市天目山路40号 邮编：310013）
电话：（0571）85170300-80928 邮箱：zjjy@zjcb.com 网址：www.zjeph.com
印 刷：石家庄继文印刷有限公司
开 本：720mm × 965mm 1/16 成品尺寸：170mm × 230mm
印 张：17.25 字 数：210千字
插 页：1 版 次：2018年6月第 1 版
印 次：2018年6月第 1 次印刷 书 号：ISBN 978-7-5536-7279-3
定 价：79.90元

如发现印装质量问题，影响阅读，请电话联系调换。